배워서 남 주고 함께 나누기

박문각 사회복지사

2025년 제23회 사회복지사 1급 국가시험 최종 성적 결과

합격률 83.3% 달성
전국합격률 38.9%

183점 최고점 2명 배출
김유경 · 안은정 제자님

2026년 제24회 사회복지사 1급 국가시험 대비
HUMAN 사회복지사 1급
수강과정 안내

대한민국 최초·최장
사회복지사 1급
강의 경력
24년

대한민국 최고
사회복지사 1급
합격률

공공/민간
사회복지 실무 경력
9년

1억 이상 기부
아너 소사이어티
 정회원

최근 3년간 사회복지사 1급 국가시험 합격률 비교

회차	전국 합격률 (Q-NET 공식 발표)	박문각 합격률 (출석+OX 90% 이상 실강생)
제21회	40.1%	81.8%
제22회	29.7%	83.9%
제23회	38.9%	83.3%

제24회 시험 대비 HUMAN 사회복지사 1급 신간 교재

제23회 휴먼합격생 성적 통계

총 인원	평균점수	최고점수
211명 (가채점 및 합격수기 참여자)	142점	183점 (김유경·안은정)

점수대별 인원

120점대	130점대	140점대	150점대	160점대	170점대	180점대
56명	56명	30명	35명	26명	6명	2명

과목별(교시별) 최고점수

과목	만점	최고점수
사회복지기초	50	48(2명)
사회복지실천	75	69
사회복지정책과 제도	75	68(3명)

각 영역별 평균점수 및 최고점수

영역	만점	평균점수	최고점수
인간행동과 사회환경	25	21	25(14명)
사회복지조사론	25	16	25(1명)
사회복지실천론	25	20	25(3명)
사회복지실천기술론	25	15	22(2명)
지역사회복지론	25	18	24(3명)
사회복지정책론	25	17	24(1명)
사회복지행정론	25	17	24(2명)
사회복지법제론	25	18	25(1명)

전국에서 가장 많은 합격수기! 사회복지사 1급 합격은 역시 어쌤!
학습&객관식 꿀팁을 공유하는 어쌤의 다양한 커뮤니티에서 소통하며 합격하세요!

어대훈 선생님의 주요 발자취

'배워서 남 주고 함께 나누는' 어대훈 선생님의 교육 철학

2002년
- 한국성서대 사회복지학과 야간학생들을 대상으로 사회복지사 1급 강의 시작(~2011년)
  → 2003년 제1회 국가시험에서 18명 중 15명(83.3%) 합격!!(vs 전국합격률 67.2%)

2003년
- 다음 카페 '복지와사람' 개설

2004년
- 한국디지털대학교(現 고려사이버대학교)에서도 사회복지사 1급 강의 시작(~2010년)

2008년
- 박문각 노량진 남부고시학원 공무원 강의 시작, 사회복지직·보호직 수험생들과의 인연 시작

2010년
- 수강생들에게 HUMAN 장학금 및 상장 수여 시작

2011년
- 온라인 수강생 수 5,412명

2012년
- 사회복지사 1급 국가시험 출제기관인 한국산업인력공단 산하 한국직업방송에서
  '사회복지사 1급 핵심요약특강' 최초 진행

2013년
- 노량진 수강생 수 압도적 1위(사회복지학 실강·인강)

2014년
- 아프리카 전쟁지역(남수단) 어린이 생계 및 학용품 지원 기부(3년간 총 7,000,000원)
- 세월호 침몰피해자(가족) 지원 5,000,000원 기부, 전국재해구호협회 희망브리지
- '아너 소사이어티' 가입, 사회복지공동모금회(사랑의열매) 1억 이상 고액 기부자 모임

2015년
- 노량진 강남교회 청년새벽밥 후원금 기부(2년간 총 1,000,000원)

2016년
- 동작구 소재 청운보육원 영아방 보조교사 인건비 및 경차 등 기부(5년간 총 32,000,000원)

2017년
- EBS 교육방송 사회복지사 1급 강의
- MBC 라디오 <이 사람이 사는 세상> 출연 '기부하는 노량진 일타강사, 아너 소사이어티 회원 어대훈씨'
- 연탄 기부(10,000,000원) 및 배달봉사, 중계동 백사마을
- 포항 지진피해주민 돕기 기부특강 실시(1,000,000원)
- 대한민국 나눔국민대상 보건복지부장관상 수상

2018년
- 노량진강의 10주년 & 복지와사람 15주년 기념 HUMAN 기부 약속 이행(10,981,000원)

2019년
- 휴먼 면접코칭 최종합격제자 2,000명 돌파
- 결식아동 조식지원 [쇼미더러브 기부릴레이] 두 번째 진행
- 쪽방촌주민 혹서기 긴급지원(선풍기 - 3,500,000원)

2020년
- 코로나19 저소득층 지원 및 의료진들 마스크 기부(11,379,000원)

2021년
- KBS 방송모금 2년 연속 참여(위기가정아동 식사 지원 및 저소득가정 연탄 지원 - 총 20,000,000원)

2022년
- HUMAN 강의 20주년
- 제20회 1급 국가시험 실강생 85.7% 합격(vs 전국합격률 36.1%)
- YOUTUBE 채널 "어쌤TV" 개설(12월 구독자 1,000명 돌파)

2023년
- 제21회 1급 국가시험 실강생 81.8% 합격(vs 전국합격률 40.1%)
- MBC 방송 이웃돕기성금 10,000,000원 기부

2024년
- 제22회 1급 국가시험 실강생 83.9% 합격(vs 전국합격률 29.7%)
- 제주항공 여객기사고 피해 한부모가정 자녀 지원 5,000,000원 기부

2025년
- 제23회 1급 국가시험 실강생 83.3% 합격(vs 전국합격률 38.9%), 183점 (최고점) 2명 배출!!(김유경, 안은정)
- 2025년 3월 현재 휴먼장학금 지급액 55,735,000원(누계인원 1,710명)

명쾌한 강의력은 기본! 여기에 더! 더! 더!

- 과목별 특성과 출제 경향에 맞춘 **효율적 교재 구성**
- 장기 기억 효과와 학습시간을 단축시키는 **암기도우미**
- 현명하고 안정적인 **합격 전략 및 학습 방법** 계속 강조
- 누구나 **쉽게** 이해할 수 있는 **용어** 사용
- **민간과 공공 사회복지 실무 경험**을 담은 설명
- 중요한 내용과 불필요한 내용을 구별하여 **시간 낭비 최소화**

 사회복지사 1급 시험일 당일까지 무한 수강

 휴먼합격패스 구매 시 문구세트 증정
(동기부여노트, 형광펜, 포스트잇, 컴퓨터용사인펜, 3색볼펜, L홀더, 물티슈)

휴먼장학제도의 직접적·간접적 학습 효과

인강 (온라인)	자신의 복습상태(실력) 확인 + 대리강화 + 자기강화 + 안정적 합격
실강 (현장)	상기 인강 효과 + 경제적 도움 + 수험생활에 큰 활력소!! + 소중한 추억

휴먼장학제도 적용수업 및 적용대상 확대

3개 수업	➡	**5개 수업**
80점 이상	➡	**70점 이상부터 장학생 적용**

휴먼장학생 대상 확대 및 휴먼장학금 신설

모의고사 평균 점수	장학금 및 혜택
[신설] 70.0점~74.9점	5,000원
[신설] 75.0점~79.9점	10,000원
80.0점~84.9점	20,000원
85.0점~89.9점	30,000원
90.0점~94.9점	50,000원
95.0점~100점	70,000원

 휴먼상장 수여 + **쌤과 저녁식사**
★ 80점 이상 장학생 ★

오프라인 강의(노량진 현장강의) 단과 수강료 및 수업 일정

강의명	강의 일정 및 강의 교재	강의시간	단과수강료
다빈출코드 100	일정 : 2025년 4월 19일(토)~6월 7일(토) 교재 : 2026 HUMAN 사회복지사 1급 다빈출코드 100	매주 토요일 14:00~18:00	100,000
ComPass이론강의	일정 : 2025년 6월 21일(토)~8월 31일(일) 교재 : 2026 HUMAN 사회복지사 1급 이론서 세트	매주 토·일 14:00~18:00	300,000
핵심기출분석특강	일정 : 2025년 9월 13일(토)~11월 2일(일) 교재 : 2026 HUMAN 사회복지사 1급 해설짱! 단원별 핵심기출문제	매주 토·일 14:00~18:00	240,000
핵심요약정리	일정 : 2025년 11월 15일(토)~12월 21일(일) 교재 : 2026 HUMAN 사회복지사 1급 핵심요약노트	매주 토·일 14:00~18:00	180,000
최종모의고사 + 해설특강	시험 일주일 전 토요일 : 09:30~14:00 ※ 감독관 지도 하에 실제 시험과 동일하게 진행 일요일 : 09:00~18:00 ※ 점심시간 1시간 제공		80,000

오프라인 강의(노량진 현장강의) 패키지 할인 안내

휴먼 올패스 다빈출+이론+기출+요약+최종	실강 패키지 1 이론+기출+요약+최종	실강 패키지 2 기출+요약+최종	실강 패키지 3 요약+최종
~~900,000원~~ **590,000원**	~~800,000원~~ **550,000원**	~~500,000원~~ **380,000원**	~~260,000원~~ **200,000원**

온라인 강의 단과 수강료

강의명	단과수강료	강의명	단과수강료	강의명	단과수강료
다빈출코드 100	90,000	핵심기출분석특강	220,000	최종모의고사 + 해설특강	80,000
ComPass 이론강의	270,000	핵심요약정리	160,000		

온라인 강의 패키지 할인 안내

휴먼 합격패스 다빈출+이론+기출+요약+최종	휴먼 패키지 1 다빈출+이론+기출+최종	휴먼 패키지 2 다빈출+이론+요약+최종
~~820,000원~~ **460,000원**	~~660,000원~~ **390,000원**	~~600,000원~~ **360,000원**

휴먼 패키지 3 이론+기출+요약+최종	휴먼 패키지 4 기출+요약+최종	휴먼 패키지 5 요약+최종
~~730,000원~~ **420,000원**	~~450,000원~~ **320,000원**	~~240,000원~~ **192,000원**

어쌤과 함께한 HUMAN 제자님의
생생하고 따뜻한 제23회 국가시험 합격수기를 들려드립니다

기쁜 마음으로 후기 올립니다! (Feat. 전 과목 21점 이상)

구분	시험과목		점수
\multicolumn{3}{c}{2025년 제23회 사회복지사 1급(필기) - 사회복지사 1급}	
1교시	사회복지기초	인간행동과 사회환경	24
		사회복지조사론	23
2교시	사회복지실천	사회복지실천론	23
		사회복지실천기술론	21
		지역사회복지론	22
3교시	사회복지정책과 제도	사회복지정책론	22
		사회복지행정론	21
		사회복지법제론	22
총점(200점 만점)			178
평균			89
시험결과			합격

어대훈 선생님 너무 감사합니다.

가채점 때 혹시나 실수를 했을 것 같아 후기를 올리지 못했는데,
오늘에야 최종 확인을 하고 기쁜 마음으로 후기를 올립니다.
가채점보다 1점이 낮은 점수지만, 최종모의고사보다 훨씬 높은 점수로 합격하여 너무 기쁩니다.

선생님의 커리큘럼을 쭈~욱 따라만 왔는데 합격의 길로 들어설 수 있었습니다.
OX모의고사를 통해 과정이 마무리될 때마다 나의 수준을 가늠해 볼 수 있는 시간이 있는 부분도 정말 좋았습니다.
충격적인 시간도 많았지만, 약한 부분을 다시 한 번 체크하고, 채워나갈 수 있는 시간이었습니다.

제가 지금까지 접해왔던 여러 인강 중에서 단연 독보적으로, 모니터 밖으로 뿜어 나오는
선생님의 열정을 느낄 수 있는 강의였습니다.
의지가 약해질 때도, 선생님의 열정적인 모습에 기운을 받아, 열심히 달려온 시간이었습니다.

주변에 사회복지사 2급을 갖고 있는 선생님들에게 얼마나 많이 이야기하고 다니는지 모릅니다.^^
선생님 덕분에 좋은 결과 받았습니다. 다시 한 번 감사드립니다.

- 제23회 국가시험 합격수기 중 발췌 -

다음 합격의 주인공은 바로 여러분입니다!

#대한민국 최초·최장·최고 사회복지사 1급 전문선생님의 경험과 노하우가 담긴 수험서
#배워서 남 주고 함께 나누기

어대훈 편저

시험에 많이 자주 출제되는 핵심 문제와 해설

多頻出 CODE

다빈출 코드 100

MR 미래가치

Preface

필독!! 들어가기에 앞서

1997년 사회복지사업법 개정을 통해 사회복지사 1급 국가시험제도가 신설되었고 2003년부터 시험이 실시되었습니다.

필자는 제1회 사회복지사 1급 국가시험을 대비하기 시작한 2002년(1학기)부터 대학 강의를 시작으로 지금까지 한 해도 빠짐없이 사회복지사 1급 강의를 해왔고, 2008년부터는 박문각 남부고시학원에서 사회복지직 공무원과 보호직 공무원 수험생들을 대상으로 사회복지학개론 강의를 함께 해왔습니다.

짧지 않은 기간 동안 열정적으로 수험서 집필과 강의를 해오면서 매 해마다 적게는 3천명 이상, 많게는 7천명 이상의 수험생들이 제 강의를 들어왔고, 이제는 일일이 숫자를 헤아리는 것이 불가능할 정도로 수많은 휴먼 합격제자들이 전국 각지에서 민간 또는 공공 사회복지실천현장에서 근무를 하고 있습니다.

이번에 출간하게 된 「어쌤의 사회복지사 1급 다빈출 코드 100」은 사회복지사업법령의 규정에 따라 3과목 8영역에 이르는 방대한 학습 분량과 그에 따른 수험생들의 막연한 부담감, 그리고 여러 권의 두꺼운 수험서를 구입은 하지만 그 책들을 책꽂이에 꽂아만 놓고 실질적인 공부는 하지 못하는 현상 등 수험생들로부터 반복적으로 들어 온 하소연을 최소화하기 위해, 즉 **보다 실용적이고 체계적이면서도 무엇보다 효과성을 극대화할 수 있는 국가시험 준비를 할 수 있도록 돕기 위해 집필**을 하게 되었습니다.

본격적으로 사회복지사 1급 국가시험 준비를 시작하기에 앞서 입문서 개념으로 만든 이 책을 선행학습 용도는 물론이고, **국가시험에 반드시 출제되거나 출제비중이 매우 높은 주요 내용들을 확실하게 자기 것으로 만들기 위한 도구**로 적극 활용한다면 기본적인 전공지식 향상과 함께 본격적인 국가시험 준비 과정에서도 상당한 활력소가 되어 줄 거라 믿습니다.

필독! 교재의 구성 및 학습방법 조언

1. 이 책은 사회복지사 1급 국가시험 문제가 공개되기 시작한 제9회 시험 이후의 기출문제 중 **시험에 반드시 출제되거나 출제비중이 매우 높은 내용들을 엄선하여 자세하게 해설을 해놓은 책**입니다.

2. 1과목은 각 영역별 14문제씩(총 28문제), 2과목과 3과목은 각 영역별 12문제씩(총 72문제) 엄선하여 총 100문제를 수록하였습니다.

3. 문제와 해설의 연결성과 빈출내용의 학습효과를 더욱 높이기 위하여 **필자가 직접 출제한 문제도 일부 포함**을 시켰습니다.

4. 방대한 분량의 국가시험 준비를 시작하기에 앞서 **기본적으로 꼭 알아야 할 전공지식들을 먼저 익히고 들어가기 위한 필수 선행학습 도구**로 활용하시기 바랍니다.

5. 본격적으로 국가시험 준비를 시작한 이후에도 이 책을 수시로 반복학습하면 **기본기를 탄탄하게 다질 수 있을 뿐만 아니라 두꺼운 기본서와 문제집을 공부할 때 경험하게 되는 심리적 부담감을 크게 줄일 수 있을 것**입니다.

6. 이 책으로 진행하는 **다빈출 해설 강의**를 통해 국가시험에 대한 현실적 이해는 물론 실제 시험 공부에도 적지 않은 도움을 받으실 수 있습니다.

감사한 마음을 표현하면서 부족한 글을 마무리할까 합니다. 먼저 이 책을 만들어달라고 집요하게(?) 요청해 주신 박문각 남부고시학원과 20년 넘게 필자의 원고가 보다 양질의 수험서가 될 수 있도록 늘 변함없이 편집과 교정에 정성을 다해주고 계신 미래가치 강재경, 박종윤 대표님과 직원분들께 감사를 드립니다. 아울러 지속적으로 응원을 해주고 계신 전국의 민간·공공 사회복지현장 제자님들과 카페 '복지와사람' 회원님들, 그리고 필자가 집필 작업에 집중할 수 있도록 배려를 아끼지 않은 휴먼 가족들에게 진심으로 고마운 마음을 전합니다.

휴먼 제자님들의 95% 이상 합격을 기원하며
어 대 훈

GUIDE
시험안내

🔖 2014년도 제12회 시험부터 시험영역당 문항 수가 30문항에서 25문항으로 변경되었으며(보건복지부장관 및 한국산업인력공단이사장 공고 제2012-104호), 이에 따라 아래 내용을 재구성하였습니다.

○ **시험과목 및 시험방법**

시험과목 수	문제 수	배점	총점	문제형식
3과목(8영역)	200	1점/1문제	200점	객관식 5지 택1형

○ **시험과목 및 시험시간**

  가. 일반수험자

구분	시험과목	시험영역	입실시간	시험시간
1교시	사회복지기초 (50문항)	○ 인간행동과 사회환경(25문항) ○ 사회복지조사론(25문항)	09:00	09:30~10:20 (50분)
휴식시간 10:20~10:40(20분)				
2교시	사회복지실천 (75문항)	○ 사회복지실천론(25문항) ○ 사회복지실천기술론(25문항) ○ 지역사회복지론(25문항)	10:40	10:50~12:05 (75분)
휴식시간 12:05~12:25(20분)				
3교시	사회복지정책과 제도 (75문항)	○ 사회복지정책론(25문항) ○ 사회복지행정론(25문항) ○ 사회복지법제론(25문항)	12:25	12:35~13:50 (75분)

  나. 시간 연장 수험자

   단, 시간 연장 수험자의 경우, 시행지부/지사 사정 등에 따라 점심시간 유동적 적용 가능

   ※ 응시편의 제공 대상자 1.2배 시간 연장

구분	시험과목	시험영역	입실시간	시험시간
1교시	사회복지기초 (50문항)	○ 인간행동과 사회환경 ○ 사회복지조사론	09:00	09:30~10:30 (60분)
휴식시간 10:30~10:50(20분)				
2교시	사회복지실천 (75문항)	○ 사회복지실천론 ○ 사회복지실천기술론 ○ 지역사회복지론	10:50	11:00~12:30 (90분)

		점심시간 12:30~13:20(50분)		
3교시	사회복지정책과 제도 (75문항)	○ 사회복지정책론 ○ 사회복지행정론 ○ 사회복지법제론	13:20	13:30~15:00 (90분)

※ 응시편의 제공 대상자 1.5배 시간 연장

구분	시험과목	시험영역	입실시간	시험시간
1교시	사회복지기초 (50문항)	○ 인간행동과 사회환경 ○ 사회복지조사론	09:00	09:30~10:45 (75분)
		휴식시간 10:45~11:05(20분)		
2교시	사회복지실천 (75문항)	○ 사회복지실천론 ○ 사회복지실천기술론 ○ 지역사회복지론	11:05	11:15~13:08 (113분)
		점심시간 13:08~14:00(52분)		
3교시	사회복지정책과 제도 (75문항)	○ 사회복지정책론 ○ 사회복지행정론 ○ 사회복지법제론	14:00	14:10~16:03 (113분)

※ 응시편의 제공 대상자 1.7배 시간 연장

구분	시험과목	시험영역	입실시간	시험시간
1교시	사회복지기초 (50문항)	○ 인간행동과 사회환경 ○ 사회복지조사론	09:00	09:30~10:55 (85분)
		휴식시간 10:55~11:15(20분)		
2교시	사회복지실천 (75문항)	○ 사회복지실천론 ○ 사회복지실천기술론 ○ 지역사회복지론	11:15	11:25~13:33 (128분)
		점심시간 13:33~14:25(52분)		
3교시	사회복지정책과 제도 (75문항)	○ 사회복지정책론 ○ 사회복지행정론 ○ 사회복지법제론	14:25	14:35~16:43 (128분)

GUIDE
시험안내

○ **합격(예정)자 결정기준**
　가. 시험의 합격결정에 있어서는 매 과목 4할 이상, 전 과목 총점의 6할 이상을 득점한 자를 **합격예정자로 결정**
　나. 합격예정자에 대해서는 **한국사회복지사협회**에서 응시자격 서류심사를 실시하며 심사결과 **부적격 사유에 해당**되거나, 응시자격서류를 정해진 기한 내에 제출하지 않은 경우에는 **합격예정을 취소함**
　　※ **필기시험에 합격하고 응시자격 서류심사에 통과한 자를 최종합격자로 발표**
　다. **최종합격자 발표 후라도** 제출된 서류 등의 기재사항이 사실과 다르거나 응시자격 부적격 사유가 발견될 때에는 합격을 취소함

〈시험시행관련〉
○ 한국산업인력공단 HRD 고객만족센터 : (02) 1644-8000
○ 한국산업인력공단 홈페이지 : www.q-net.or.kr

〈응시자격서류 접수 및 심사관련 문의〉
○ 한국사회복지사협회 : (02) 786-0845
○ 한국사회복지사협회 홈페이지 : www.welfare.net
※ 보건복지부 홈페이지 : www.mohw.go.kr

TABLE
합격자 현황

사회복지사 1급 국가시험 합격자 현황(2003~2025년)

회차	연도	시험일자	(접수자) 응시자	(합격예정자) 최종합격자	(합격예정자비율) 최종합격률
제1회	2003	2003. 4. 27.	5,190명	3,487명	67.2%
제2회	2004	2004. 3. 7.	7,233명	4,543명	62.8%
제3회	2005	2005. 3. 6.	8,635명	3,731명	43.2%
제4회	2006	2006. 3. 12.	(14,617명) 12,151명	5,056명	41.5%
제5회	2007	2007. 3. 4.	(20,580명) 16,166명	4,006명	24.8%
제6회	2008	2008. 2. 3.	(27,017명) 19,493명	9,033명	46.3%
제7회	2009	2009. 2. 8.	(29,770명) 22,753명	7,081명	31.1%
제8회	2010	2010. 1. 24.	(26,587명) 23,050명	(9,765명) 9,700명	42.1%
제9회	2011	2011. 1. 23.	(25,451명) 21,868명	(3,141명) 3,119명	14.3%
제10회	2012	2012. 2. 5.	(28,143명) 23,627명	(10,320명) 10,254명	(43.7%) 43.4%
제11회	2013	2013. 1. 26.	(25,719명) 20,544명	(5,839명) 5,809명	(28.4%) 28.3%
제12회	2014	2014. 1. 25.	(27,882명) 22,604명	(6,412명) 6,363명	(28.4%) 28.2%
제13회	2015	2015. 1. 24.	(26,327명) 21,393명	(6,820명) 6,764명	(31.9%) 31.6%
제14회	2016	2016. 1. 23.	(25,949명) 20,946명	(9,919명) 9,846명	(47.4%) 47.0%
제15회	2017	2017. 1. 21.	(24,674명) 19,514명	(5,284명) 5,250명	(27.1%) 26.9%
제16회	2018	2018. 1. 20.	(27,520명) 21,975명	(7,422명) 7,352명	(33.8%) 33.5%
제17회	2019	2019. 1. 19.	(28,273명) 22,646명	(7,801명) 7,734명	(34.5%) 34.2%
제18회	2020	2020. 2. 8.	(33,788명) 25,462명	(8,457명) 8,388명	(33.2%) 32.9%
제19회	2021	2021. 2. 6.	(35,598명) 28,391명	(17,295명) 17,158명	(60.9%) 60.4%
제20회	2022	2022. 1. 22.	(31,018명) 24,248명	(8,882명) 8,753명	(36.6%) 36.1%
제21회	2023	2023. 1. 14.	(30,544명) 24,119명	(9,826명) 9,673명	(40.7%) 40.1%
제22회	2024	2024. 1. 13.	(31,608명) 25,458명	(7,633명) 7,554명	(29.98%) 29.67%
제23회	2025	2025. 1. 11.	(32,448명) 25,305명	(9,980명) 9,831명	(39.44%) 38.85%

♣ 제1회~제23회 시험까지 응시자 총수는 462,771명이며, 그중 합격자 총수는 170,485명으로 응시자 총수의 36.8%가 합격하였습니다.

TABLE
출제경향 분석표

🎯 인간행동과 사회환경 [출제경향 분석표]

※ 2026년 제24회 대비 개정판부터 **제12회 시험 이후의 기출통계**만 수록함
※ 제12회 시험부터 각 영역별 30문제에서 25문제로 축소(총 240문제 → 200문제)

목차			제12회 (2014)	제13회 (2015)	제14회 (2016)	제15회 (2017)	제16회 (2018)	제17회 (2019)	제18회 (2020)	제19회 (2021)	제20회 (2022)	제21회 (2023)	제22회 (2024)	제23회 (2025)
제1부 정신역동 이론	제1장	프로이트의 정신분석이론	1	1		1	2	2	1	1	1	1	1	1
	제2장	에릭슨의 심리사회이론	1	1	1	1	3	1		1	1	1	1	
	제3장	아들러의 개인심리이론		1		1				1				
	제4장	융의 분석심리이론	1	1	1	2	1		1	1	1	1	1	
제2부 행동주의 이론	제5장	전통적 행동주의이론	1	1	1	1			1	1	2	1		1
	제6장	반두라의 사회학습이론		2	2		1	1	1		1	1		
제3부 인지이론	제7장	피아제의 인지발달이론	1	2	2	3	2		1	1	1	1	1	
	제8장	기타 주요이론	1 콜버그	1 콜버그				1 콜버그			1 콜버그			1 콜버그
제4부 인본주의 이론	제9장	로저스의 이론	1		1	1	1		2	1		1		1
	제10장	매슬로우의 이론		1	1	1			1	1	1			1
		인간행동에 관한 이론 복합문제	4	2	2	1	1	2		1	1		2	3
제5부 인간의 성장과 발달	제11장	인간의 발달과 사회복지	2	2	2	2	1	2	2	1	3	2	1	2
	제12장	태내기	1	1	1			1	1	1		1	1	
	제13장	영아기	1	1	1			1	1	1		2	1	1
	제14장	유아기	1	1	1	1.5	1	1	1	1	1	1	1	1
	제15장	아동기	2	1	1	0.5		1		1	1	1	1	1
	제16장	청소년기	2	1	1		2	1	2	1	1	1	1	1
	제17장	청년기			1	1		1						
	제18장	중년기	1	1	1		1	1	1	1	1	1	1	1
	제19장	노년기	2	1	1		1	1		1	2	1	1	1
		발달단계 복합문제		1	1		1	1		1	1	1	1	1
제6부 사회환경에 대한 이해	제20장	사회체계이론과 생태체계이론	1		1	2	3	3	2	4	4	3	4	5
	제21장	가족과 집단				1	2	1		2			1	
	제22장	조직·지역사회·문화	1	2	1	1		1			1	2	1	
		사회환경 복합문제						1					1	
		인간행동과 사회환경 복합 / 기타				1	1					1		

사회복지조사론 [출제경향 분석표]

※ 2026년 제24회 대비 개정판부터 **제12회 시험 이후의 기출통계**만 수록함
※ 제12회 시험부터 각 영역별 30문제에서 25문제로 축소(총 240문제 → 200문제)

	목차	제12회 (2014)	제13회 (2015)	제14회 (2016)	제15회 (2017)	제16회 (2018)	제17회 (2019)	제18회 (2020)	제19회 (2021)	제20회 (2022)	제21회 (2023)	제22회 (2024)	제23회 (2025)
제1장	과학과 조사연구방법	3	1	2	3	3	1	2	2	2	2	3	2
제2장	조사연구의 기본 개념	3	3	5	3	1	4	4	1	2	2	2	3
제3장	사회조사의 형태와 과정	2	4	3	3	4	4	3	3	4	2	2	3
제4장	조사설계	2	1	2	1		1	2	2	1	3	1	1
제5장	실험설계	1	3	2	2	1	3	1	2	2		3	3
제6장	단일사례설계	1	1		1	1	1		1		2	1	
제7장	표집(표본추출)	4	4	2	2	4	4	2	3	4	3	3	3
제8장	측정	3	2	4	4	5	3	4	4	4	5	4	3
제9장	척도	2				1		1	1	1	1	1	1
제10장	자료수집	3	3	3	2	4	2	4	1	2	3	3	2
제11장	욕구조사와 평가조사		1	1	2	1			1	1	1		1
제12장	질적연구	1	1	1	1	1	1	2	4	2	2	2	1
제13장	조사연구계획서 및 보고서 작성												
	조사론 복합 / 기타		1		1						1		1

TABLE
출제경향 분석표

🔖 사회복지실천론 [출제경향 분석표]

※ 2026년 제24회 대비 개정판부터 **제12회 시험 이후의 기출통계**만 수록함
※ 제12회 시험부터 각 영역별 30문제에서 25문제로 축소(총 240문제 → 200문제)

	목차	제12회 (2014)	제13회 (2015)	제14회 (2016)	제15회 (2017)	제16회 (2018)	제17회 (2019)	제18회 (2020)	제19회 (2021)	제20회 (2022)	제21회 (2023)	제22회 (2024)	제23회 (2025)
제1장	사회복지실천의 개념과 목적	1	1	1	1	1	1		2	2	3	1	3
제2장	사회복지실천의 가치와 윤리	1	2	2	2	3	2	3	2	2	1	3	1
제3장	사회복지실천의 역사적 발달과정	3	3	3	3	2	1	2	1	2	2	2	1
제4장	사회복지실천 현장에 대한 이해	3	4	2	2	3	3	3	5	1	5	2	3
제5장	사회복지실천의 관점 – 통합적 접근	3	2	1	1	1	2	2	1	2	1	1	2
제6장	관계론	3	2	2	3	2	3	3	3	3	4	4	1
제7장	면접론	3	2	3	4	4	2	3	3	3	4	3	4
제8장	사회복지실천의 과정	4	5	6	3	7	5	7	4	5	2	4	4
제9장	사례관리	3	3	2	3	3	3	2	2	2	3	1	4
실천론 복합 / 상식적 판단 / 기타						1	1		1	2		1	1

※ 휴먼 조언 : 사회복지실천론과 사회복지실천기술론은 실제 시험에서 교과목 지침서에 부합하지 않는 경우가 적지 않고, 대학(원)에서 활용하고 있는 전공서들을 보더라도 두 과목의 구분이 모호하거나 중복되는 경우가 많은 편이다. 따라서 출제경향 분석표를 보면 두 과목의 합계가 각각 일치하지 않는 경우, 즉 어느 한 과목의 합계가 초과되거나 모자라는 경우가 보일 수 있다.

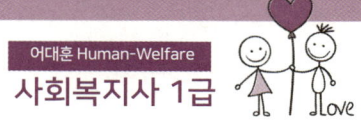

🔍 사회복지실천기술론 [출제경향 분석표]

※ 2026년 제24회 대비 개정판부터 **제12회 시험 이후의 기출통계**만 수록함
※ 제12회 시험부터 각 영역별 30문제에서 25문제로 축소(총 240문제 → 200문제)

목차		제12회 (2014)	제13회 (2015)	제14회 (2016)	제15회 (2017)	제16회 (2018)	제17회 (2019)	제18회 (2020)	제19회 (2021)	제20회 (2022)	제21회 (2023)	제22회 (2024)	제23회 (2025)
제1장	사회복지실천모델 1 – 정신역동모델 · 진단주의와 기능주의 · 문제해결모델	3	1	2	2	1	1	1	2	2	1	2	1
제2장	사회복지실천모델 2 – 심리사회모델 · 인지행동모델	2	2	2	2	1	3	2	1	4	5	3	2
제3장	사회복지실천모델 3 – 과제중심모델 · 위기개입모델	1	2	2	1	1	2	2	2	2	1	2	2
제4장	사회복지실천모델 4 – 클라이언트중심모델 · 4체계모델			1		1	1	1	1		1	1	2
제5장	사회복지실천모델 5 – 임파워먼트모델 · 생활모델 · 현실치료모델	1	2	2	2	3	1	2	2	1	1	2	3
실천모델 복합문제						1		1	1	1	2		
제6장	집단대상 실천기술	6	7	7	6	6	7	4	7	6	5	7	5
제7장	가족대상 실천기술	10	9	9	9	8	9	8	9	8	7	7	8
제8장	사회복지실천 기록	1	1	1	2	1	1	1	1	1	1		1
제9장	사회복지실천 평가	1	1	1	1	2	1	1	1	1	1	1	1
실천론 · 인행사 범위중복 / 상식적 판단 / 기타			1		3	2		3			1	1	1

※ **휴먼 조언** : 사회복지실천론과 사회복지실천기술론은 실제 시험에서 교과목 지침서에 부합하지 않는 경우가 적지 않고, 대학(원)에서 활용하고 있는 전공서들을 보더라도 두 과목의 구분이 모호하거나 중복되는 경우가 많은 편이다. 따라서 출제경향 분석표를 보면 두 과목의 합계가 각각 일치하지 않는 경우, 즉 어느 한 과목의 합계가 초과되거나 모자라는 경우가 보일 수 있다.

TABLE
출제경향 분석표

지역사회복지론 [출제경향 분석표]

※ 2026년 제24회 대비 개정판부터 **제12회 시험 이후의 기출통계**만 수록함
※ 제12회 시험부터 각 영역별 30문제에서 25문제로 축소(총 240문제 → 200문제)

목차			제12회 (2014)	제13회 (2015)	제14회 (2016)	제15회 (2017)	제16회 (2018)	제17회 (2019)	제18회 (2020)	제19회 (2021)	제20회 (2022)	제21회 (2023)	제22회 (2024)	제23회 (2025)
제1부 지역사회복지 일반론	제1장	지역사회와 지역사회복지의 개념	4	9	3	4	5	2	7	5	4	4	4	3
	제2장	지역사회복지의 이론적 기초	1	3	3	3	1	1	2	1	2	3	3	2
제2부 지역사회복지 실천을 위한 모델과 기술	제3장	지역사회복지 실천모델과 사회복지사의 역할	3	5	3	3	5	3	3	3	3	4	4	6
	제4장	지역사회복지 실천의 기술	2	4	5	4	3	4	2	4	3	3	3	3
제3부 지역사회복지 전달체계	제5장	사회복지법인과 사회복지시설	1		1			1	1	2	1			
	제6장	사회복지관과 재가복지봉사서비스	1		1	1	1		1	1	1	1	2	1
	제7장	사회복지공동모금회와 자원봉사	1	1	1			1		1	1	1	1	
	제8장	사회복지사와 사회복지전담공무원	1						1					
	제9장	사회적 경제	1	1	1	1	1	1	1	1	1	1	1	1
		지역사회복지전달체계 복합	2		1	2	2	1			1			1
제4부 지방자치와 지역사회복지	제10장	지방자치와 지역사회복지	1	1	1	1			1	2	1	1	1	2
	제11장	지역사회보장계획 (前 지역사회복지계획)	1	2	1	2	2	4	2	2	2	2	1	2
	제12장	지역사회복지 운동과 주민참여	2		1	1		2	1	2		2	1	1
실천과목 중복내용 (COS · 인보관, 발달사 등)			2		2			2		2		3	2	2
타 과목(영역) 중복내용 / 상식적 판단 / 기타			2		2	3	2		3	2	1	1	2	1

※ 휴먼 조언 : 지역사회복지론은 다른 과목(영역)과 중복되거나 유사하게 활용되는 부분이 많아 상기 출제경향 분석표 하단에 중복내용에 관한 공간을 추가하였다. 아울러 통상적으로 지역사회복지론의 범위에 해당되는 내용이 타 과목에서 출제되는 경우도 있다. 이러한 현상은 사회복지전공과목들이 각각 독립되어 있는 것이 아니라 공통된 영역들이 존재하는 것에 기인한다. 따라서 출제경향 분석표상에 합계가 초과되는 경우도 있다.

사회복지정책론 [출제경향 분석표]

※ 2026년 제24회 대비 개정판부터 **제12회 시험 이후의 기출통계**만 수록함
※ 제12회 시험부터 각 영역별 30문제에서 25문제로 축소(총 240문제 → 200문제)

목차			제12회 (2014)	제13회 (2015)	제14회 (2016)	제15회 (2017)	제16회 (2018)	제17회 (2019)	제18회 (2020)	제19회 (2021)	제20회 (2022)	제21회 (2023)	제22회 (2024)	제23회 (2025)
제1부 사회복지 정책 일반론	제1장	사회복지정책의 개념과 가치	1	4	3	1	2	3	1	3	1	3	1	3
	제2장	제 학자의 사회복지모형	3	2	1	1	2	1		1	2	2	1	
	제3장	사회복지발달사	4		1	1	2	1	2	1	1	2	1	2
	제4장	사회복지정책 발달이론	1	2	1		1		1	1	1	1	1	
	제5장	복지국가	1	3	2	1	1	1	3	1	2	1	2	2
	일반론 복합/기타					5	1	4	1	1		1	1	1
제2부 사회복지 정책의 분석틀	제6장	할당체계	1	2	2	1		1	1	2	1	1	1	1
	제7장	급여체계	1		2	1	1			1	1		3	2
	제8장	재원체계	1		2		2		3	1	1		2	1
	제9장	전달체계		1	1		1			2	1		1	2
	정책분석틀 복합/기타		2	1	1			1	1	1	2		1	
제3부 사회복지 정책의 과정	제10장	사회복지정책의 문제형성과 어젠다형성	3	3	2	1	1	2		1	1	2		2
	제11장	사회복지정책의 대안형성과 정책결정												
	제12장	사회복지정책의 집행과 평가												
제4부 사회 보장론	제13장	사회보장의 이론	3	1		4	5	4	4	3	4	3	4	5
	제14장	사회보험제도와 공공부조제도	4	6	3	9	3	1	8	2	2	4	3	1
	사회보장제도(법령)복합 / 상식 / 기타				1		3					3		

※ 3교시의 경우 사회복지관련 법령들이 사회복지정책론과 사회복지행정론에도 출제되는 경우가 적지 않으며(2교시 과목에도 법령 관련 문제들이 출제되는 경우가 있으며, 특히 지역사회복지론의 경우는 비교적 자주 출제되고 있음), 그로 인해 출제경향표의 숫자가 어느 과목(영역)은 초과하고 어느 과목(영역)은 미달되는 등 불일치하는 경우가 자주 발생된다. 실질적이고 상세한 기출체크는 이론서 각 본문에 표시하였다.

TABLE
출제경향 분석표

🔬 사회복지행정론 [출제경향 분석표]

※ 2026년 제24회 대비 개정판부터 **제12회 시험 이후의 기출통계만** 수록함
※ 제12회 시험부터 각 영역별 30문제에서 25문제로 축소(총 240문제 → 200문제)

	목차	제12회 (2014)	제13회 (2015)	제14회 (2016)	제15회 (2017)	제16회 (2018)	제17회 (2019)	제18회 (2020)	제19회 (2021)	제20회 (2022)	제21회 (2023)	제22회 (2024)	제23회 (2025)
제1장	사회복지행정의 개념	3	3	3	2	2	1	4	1	3	6	2	2
제2장	사회복지서비스 전달체계	6	3	6	3	2	1		2	2	1	2	4
제3장	조직이론	2	4	2	3	2	2	2	2	5	4	3	3
제4장	조직의 구조와 유형	1		1	1	1	2	1			1	2	1
제5장	사회복지조직과 환경				1	3	1	3	1	1		1	
제6장	리더십	1		1	1	2	1	2	2	3	1	1	1
제7장	인사관리	1	1	1	3	2	4	4	3	2	3	3	3
제8장	재정 및 정보관리	2	3	2	1	1	2	2	1	2	2	2	4
제9장	기획과 의사결정	1	4	4	3	2	1	1	1	1	1	2	1
제10장	홍보와 마케팅	1		1	1	1	1	1	3	1	2	2	2
제11장	프로그램의 설계	1	2	1	1	1	2	1				1	
제12장	욕구조사와 평가조사	5	3	2	3	1	2	1	3	1	1	1	1
사회복지행정 복합 / 상식 / 기타		1	2	1	2	4	5	3	4	3	3	3	2

※ 3교시의 경우 사회복지관련 법령들이 사회복지정책론과 사회복지행정론에도 출제되는 경우가 적지 않으며(2교시 과목에도 법령 관련 문제들이 출제되는 경우가 있으며, 특히 지역사회복지론의 경우는 비교적 자주 출제되고 있음), 그로 인해 출제경향표의 숫자가 어느 과목(영역)은 초과하고 어느 과목(영역)은 미달되는 등 불일치하는 경우가 자주 발생된다. 실질적이고 상세한 기출체크는 이론서 각 본문에 표시하였다.

사회복지법제론 [출제경향 분석표]

※ 2026년 제24회 대비 개정판부터 **제12회 시험 이후의 기출통계만** 수록함
※ 제12회 시험부터 각 영역별 30문제에서 25문제로 축소(총 240문제 → 200문제)

목차			제12회 (2014)	제13회 (2015)	제14회 (2016)	제15회 (2017)	제16회 (2018)	제17회 (2019)	제18회 (2020)	제19회 (2021)	제20회 (2022)	제21회 (2023)	제22회 (2024)	제23회 (2025)
제1부 총론	제1장	사회복지법의 개념		2	2	2	2	1	1	3	1	1	1	2
	제2장	사회복지법의 발달과정	1	1	1	1	1	1	1	1	1	2	1	2
	제3장	사회복지법의 체계		1	1	1		1			1	1	1	
	제4장	사회복지의 권리성		1						2				
제2부 각론	제5장	사회보장기본법	1	1	3	4	4	3	2	2	4	3	4	4
	제6장	사회보장급여법						1	2	2	2	1	2	1
	제7장	사회복지사업법	4	3	4	4	4	3	3	3	4	4	4	3
	제8장 사회보험법	국민연금법	3	1	1	2	1	1		1	1		1	1
		고용산재보험료징수법								1				
		산재보험법	2	1	1	1	1	1	1	1	2	1		2
		고용보험법	1	1	1		1	1	1	1		1	2	1
		국민건강보험법	1	1	1		1	1	1	1	1		1	1
		노인장기요양보험법	1	1	1	1		1	1		2	1	1	2
	제9장 공공부조법	국민기초생활보장법	2	2	1	2	1	1	2	3	2	3	3	2
		의료급여법	1			1		1			2	1	1	1
		긴급복지지원법	1		1			1	1	1	1	1		
		기초연금법	1	1	1	1	1	1	1	1		1	1	1
		장애인연금법												
	제10장 주요 서비스법	아동복지법	1	1	1		1		1	1	1	2	1	1
		영유아보육법		1										
		노인복지법	1	1	1	1	1		1		1		1	1
		장애인복지법	1	1	1	1	1		1		1			1
		한부모가족지원법			1							1	1	1
		다문화가족지원법				1	1		1					
		정신건강복지법										1		
		사회복지공동모금회법						1	1	1	1		1	
		자원봉사활동기본법			1		1	1			1			
		가정폭력방지법	1	1			1	1	1					1
		성폭력방지법				1		1	1	1				
		입양특례법												
	여러 법령 복합문제		2	1			1		2			1		
	판례			1				1		1		1		
	기타 법령문제(교재 외)											1		

이 책의 구성과 특징

엄선된 다빈출문제와 핵심이론정리

✦✦✦

어쌤의 사회복지사 1급 다빈출코드 100은

- 사회복지사 1급 국가시험에 **많이 자주 출제되는(= 다빈출)** 내용들을 먼저 분석하여 효율적인 **학습을 안내해주는 사회복지사 1급 입문서**입니다.

- 진도별로 엄선한 다빈출 문제와 상세한 해설 & 강의를 통해 **핵심이론을 학습하고 100점 이상을 우선 확보**하시기 바랍니다.

- 사회복지사 1급 국가시험의 **체계적 준비를 위한 필수 학습과정**입니다. 다만, 기본실력이 양호하신 분들은 개별적 필요에 따라 선택을 하셔도 무방할 겁니다.

- 방대한 분량의 사회복지사 1급 국가시험 준비에 **자신감**을 높여 드릴 겁니다.

- 어대훈 선생님의 열정적인 강의와 휴먼장학생 O×모의고사를 통해 사회복지사 1급 합격의 지름길로 들어오세요!

Contents

01 사회복지기초

📖 합격수기 40대 워킹맘 고득점 합격!
선생님 너무 감사해요~^^ ·········· 2
1영역 인간행동과 사회환경 ·········· 4
2영역 사회복지조사론 ·········· 18

📖 합격수기 50대 중반부부 동반 합격!! 감사 인사드립니다. ····· 34

02 사회복지실천

1영역 사회복지실천론 ·········· 38
2영역 사회복지실천기술론 ·········· 50

📖 합격수기 합격하는 방법 세 가지! ·········· 62

3영역 지역사회복지론 ·········· 63

📖 합격수기 조사론 21점, 나머지는 다 20점(총 161점)!!
어쌤~ 감사드립니다! ·········· 75

03 사회복지정책과 제도

1영역 사회복지정책론 ·········· 78

📖 합격수기 어쌤~ 감사합니다! ·········· 90

2영역 사회복지행정론 ·········· 92
3영역 사회복지법제론 ·········· 104

📖 합격수기 어대훈 선생님 감사합니다.^^ ·········· 116

어대훈 Human-Welfare
사회복지사 1급

 배워서 남 주고 함께 나누기!!

사회복지기초

1영역 인간행동과 사회환경
2영역 사회복지조사론

40대 워킹맘 고득점 합격! 선생님 너무 감사해요~^^

2025년 제23회 사회복지사 1급(필기) – 사회복지사 1급			
구분	시험과목		점수
1교시	사회복지기초	인간행동과 사회환경	20
		사회복지조사론	21
2교시	사회복지실천	사회복지실천론	19
		사회복지실천기술론	21
		지역사회복지론	20
3교시	사회복지정책과 제도	사회복지정책론	23
		사회복지행정론	20
		사회복지법제론	19
총점(200점 만점)			163
평균			81.5
시험결과			합격

나름 고득점으로 합격해서 기분이 좋습니다~ 모두 선생님 덕분입니다.
공부하다 궁금한 것들 질문하면 답변해 주시고 또 제 이름을 불러주셔서 합격했습니다^^

합격수기인 만큼 제가 공부했던 방법을 알려드릴게요.

저는 **40대 교정직 공무원으로 육아까지 같이하다 보니 기본강의는 듣질 못했습니다. 다빈출, 핵심요약, 기출문제집 강의 들었습니다. 처음에 핵심요약을 먼저 듣고 이건 아니다 싶어서 다빈출을 듣고 나니 자신감이 생겼습니다.** 임상심리사 2급 등 다른 자격증도 몇 개 있는데 턱걸이로 60점만 넘으면 되고 시험이 1년에 3~4번 있지만 사회복지사 1급은 1년에 한 번밖에 없어서 떨어지면 1년을 또 붙잡고 있어야 하기 때문에 지금까지 어떤 자격증 시험보다도 열심히 했습니다^^

선생님의 명강의를 들으니 진짜 막힘이 없었습니다.
부족한 부분은 운전하면서 1.5~2배속으로 또 들었습니다 잠이 안올 때 들으면 잠도 잘와요^^

선생님의 학생들에 대한 열정(집에 초대하기가 진짜 어려운데ㅜㅜ), 공부의 동기를 부여하기 위한 장학금, 또 기부까지 제자들한테 인기있고 존경받는 이유를 알겠습니다.

항상 응원하겠습니다~ 참고로 제가 암기법 올린 게 있는데 혹시 쓰신다면 광주교도소에 근무하는 김현숙이다 말해주세요 ㅋㅋ 교정직에서 공부하는 사람들이 있는데 강의들으면서 웃으라고 ㅋㅋ 제가 이름이 같은 사람이 많아서요~^^ 건강 잘 챙기시고요~ 명강의를 오래 해주셔야 하잖아요^^ 선생님 너무 감사했습니다~ 늦었지만 새해 복 많이 받으시고 항상 행복하세요♡

제23회 국가시험 합격수기 중 발췌

본서에 수록되어 있는 합격수기들의 원문은 **어대훈 선생님의 카페 '복지와사람'** 또는 **박문각 홈페이지**에서 확인하실 수 있습니다. 그리고 **매우 많은 제자님들께서 합격수기를 올려주신 관계로 이 교재에는 극히 일부만 발췌·수록**하였음을 알려드립니다.

REGION 01

인간행동과 사회환경

01 다음 학자와 그의 주요 기법이 옳게 연결된 것은? [제20회]

① 반두라(A. Bandura) - 행동조성
② 로저스(C. Rogers) - 타임아웃
③ 스키너(B. Skinner) - 모델링
④ 피아제(J. Piaget) - 가족조각
⑤ 프로이트(S. Freud) - 자유연상

해설 틀린 내용을 맞게 연결하면 **행동조성**(또는 점진적 접근법)은 스키너(B. Skinner), **타임아웃**은 행동주의 치료기법, **모델링**은 반두라(A. Bandura), **가족조각**은 사티어와 위태커(Satir & Whittaker)의 경험적 가족치료 모델이다.

■ 문제에서 제시하고 있는 학자들의 주요 개념을 정리하면 다음과 같다.

프로이트 (S. Freud)	정신분석이론, 정신역동모델, 리비도, 자유연상, 정신적 결정론, 꿈의 해석, 지형학적 모델(의식·전의식·무의식), 구조적 모델(원초아·자아·초자아), 의료모델, 단선적(직선적) 원인론, 심리성적 발달, 자아방어기제, 전이의 분석과 활용, 훈습, 직면, 해석, 통찰 등
스키너 (B. Skinner)	행동주의이론, 전통적 행동주의, 행동의 결과와 조작적 조건화(자발적·능동적 반응), ABC패러다임, 강화(정적·부적)와 처벌(정적·부적), 기계론적 환경결정론, 강화계획(연속적 강화계획 / 간헐적 강화계획 : 고정간격, 가변간격, 고정비율, 가변비율), 행동형성(점진적 접근법), 변별자극, 변별강화 등
반두라 (A. Bandura)	행동주의이론, 사회학습이론, 인지, 관찰과 모방, 상호결정론, 자기강화, 대리강화, 대리조건화, 자기효율성(자아효능감·자기효력), 자기조정(자기규제), 공격성의 사회화, 관찰학습 등
피아제 (J. Piaget)	도식, 적응(⇨ 동화, 조절), 평형, 조직화, 자아중심성, 인지발달 4단계(감각운동기, 전조작기, 구체적 조작기, 형식적 조작기)
로저스 (C. Rogers)	인본주의이론, 현상학적 심리학, 주관적 경험(현상학적 장), 자아(자기), 실현화 경향(자아실현 경향), 자아실현(자기실현) 욕구, 유기체적 평가과정(유기체적 가치화 과정), 긍정적 관심(긍정적 존중), 공감(감정이입), 진실성(일치성), 완전히 기능하는 사람, 클라이언트중심 모델 등

정답 ⑤

02 성격이론, 학자 및 주요 개념의 연결이 옳은 것은? [제23회]

① 인본주의이론 - 융(C. Jung) - 동화
② 정신분석이론 - 매슬로우(A. Maslow) - 열등감
③ 인지발달이론 - 피아제(J. Piaget) - 결핍동기
④ 개인심리이론 - 아들러(A. Adler) - 생활양식
⑤ 분석심리이론 - 로저스(C. Rogers) - 아니마

★ 박문각 가채점 정답률 91.5%

해설 틀린 내용을 바로잡으면 다음과 같다.
① 융(C. Jung)은 **분석심리이론**을 제시한 인물이다. **동화는 피아제(J. Piaget) 인지발달이론**의 주요 개념 중 하나이다.
② **정신분석이론은 프로이트(S. Freud), 매슬로우(A. Maslow)는 욕구단계이론 및 인본주의이론, 열등감은 아들러 개인심리이론**의 주요 개념 중 하나이다.
③ **결핍동기는 매슬로우의 욕구단계이론**에서 다루는 개념으로 생존적 경향, 기본욕구, 박탈동기라고도 한다 (➡ 생리적 욕구, 안전 욕구, 소속과 애정의 욕구, 자존의 욕구).
⑤ **로저스(C. Rogers)는 현상학적 심리학 및 인본주의이론, 아니마는 융이 제시한 분석심리이론**의 주요 개념 중 하나이다.

아들러 (A. Adler)	**열등감과 보상, 우월을 향한 노력(우월에의 추구), 생활양식, 가족형상**(정서적 유대, 가족의 크기, 가족의 성적 구성, **출생순위**, 가족역할 모델 등), **사회적 관심, 창조적 자기, 가공적 목적**(가상적 목표), **생활양식태도의 유형** 등
융 (C. Jung)	리비도, 정신, 의식, 자아, 페르소나, 음영(그림자), 원형, 아니마, 아니무스, 개인무의식, 집단무의식, 자기, 콤플렉스 등
매슬로우 (A. Maslow)	인간 본성의 선함, 잠재적 창조성, 욕구, 생존적 경향(기본 욕구·결핍성의 욕구·박탈동기)과 실현적 경향(성장 욕구·자아실현 욕구), 욕구단계이론(욕구계층이론), 자아실현자(자기실현자)

정답 ④

프로이트(S. Freud) 이론에 관한 설명으로 옳은 것은? [제13회]

① 거세불안과 남근선망은 주로 생식기에 나타난다.
② 치료의 주요 목표는 개성화(individuation)를 완성하는 것이다.
③ 자아(ego)는 의식, 전의식, 무의식의 세 측면을 모두 가지고 있다.
④ 리비도는 인생전반에 걸쳐 작동하는 일반적인 생활에너지를 말한다.
⑤ 초자아(super ego)는 방어기제를 작동하여 갈등과 불안에 대처한다.

해설 틀린 내용을 바로잡으면 다음과 같다.
① 거세불안과 남근선망은 주로 **남근기**에 나타나는 특징으로 남아의 경우 오이디푸스 콤플렉스, 여아의 경우 엘렉트라 콤플렉스와 연결된다. 프로이트 심리성적 발달단계의 핵심내용은 다음과 같다.

1. 구강기(~1.5세)	• 빨기단계(전기) : 1차적 나르시시즘 • 깨물기단계(후기) : **최초의 양가감정**
2. 항문기(~3세)	배변훈련, **최초로 사회적 기대에의 순응 요구 직면**
3. 남근기(~6세)	**오이디푸스 콤플렉스**(거세불안, 부와의 동일시), **엘렉트라 콤플렉스**(남근선망, 모와의 동일시) ⇨ **초자아(도덕성) 확립**
4. 잠재기(~12세)	리비도의 특정 방향 없음. 원초아는 약해지고 자아와 초자아가 강해짐
5. 생식기(~성인기 이전)	제2의 오이디푸스, 생식기관 및 2차 성징 발달

② 개성화(individuation)는 **융(C. Jung)**의 주요 개념 중 하나이다. 개성화란 개인의 의식이 다른 사람으로부터 분리되는 과정을 말하는 것으로, 고유한 자기 자신이 되는 과정이라고 할 수 있다.
④ **프로이트(S. Freud)**의 리비도(libido)는 일반적인 생활에너지를 말하는 것이 아니라 인간의 **성적·정신적 에너지 또는 본능적 충동**이며 의식적 또는 무의식적으로 개인의 성격과 행동에 영향을 미친다. 프로이트는 그의 말년에 가서 리비도의 개념을 생의 본능인 에로스와 죽음의 본능인 타나토스까지 포함하는 것으로 설명하였다. 한편 융은 **프로이트가 제시한 리비도(libido)의 개념을 넓혀서** 리비도가 **생물학적, 성적, 사회적, 문화적, 창조적인 모든 형태의 활동에 에너지를 제공하는 전반적인 생명력(또는 창의적인 생활력)**을 의미한다고 보았다. 융의 리비도는 **인생 전반에 작동하는 삶의 에너지(또는 생활에너지)**이며, **영적인 특성을 가진 창조적 생명력**으로 개념화되었다.
⑤ **자아(ego)**는 방어기제를 작동하여 갈등과 불안에 대처한다.
  ㉠ **현실적 불안** : 현실에 객관적으로 존재하는 위협을 느낄 때
  ㉡ **신경증적 불안** : 원초아의 충동이 의식될지도 모른다는 위협을 느낄 때
  ㉢ **도덕적 불안** : 초자아로부터 벌을 받을 것이라는 위협을 느낄 때

🔒 정답 ③

04. 에릭슨(E. Erikson)의 이론에 관한 설명으로 옳은 것을 모두 고른 것은? [제16회]

> ㄱ. 각 단계의 발달은 이전 단계의 발달을 토대로 이루어진다.
> ㄴ. 사회문화적 환경이 성격 발달에 영향을 미친다.
> ㄷ. 청소년기의 주요 발달과업은 자아정체감 형성이다.
> ㄹ. 인간의 발달은 전 생애에 걸쳐 일어난다.

① ㄱ, ㄴ
② ㄱ, ㄷ
③ ㄷ, ㄹ
④ ㄱ, ㄴ, ㄹ
⑤ ㄱ, ㄴ, ㄷ, ㄹ

해설 에릭슨(Erik H. Erikson)은 정신분석가이며 자아심리학자로, 자아의 발달과 기능에 큰 관심을 기울이고 원초아와 초자아에는 거의 관심을 기울이지 않았다. 그는 **인간의 발달과 관련하여 가장 큰 관심을 기울여야 할 것은 자아**라고 보았으나, 그렇다고 해서 생물학적 혹은 사회적 요인 등의 영향력을 배제한 것은 아니었다. 실제로 그는 **어떤 심리학적 현상이라도 반드시 생물학적·행동적·경험적·사회적 요인의 상호작용으로 이해해야 한다**고 하였는데, 특히 사회적 힘이 성격의 발달에 미치는 영향을 강조하였기 때문에 그의 이론을 **심리사회적 이론**(psychosocial theory)이라고 부른다.

■ 심리사회이론의 특성
1) **점성원칙**(epigenetic principle)에 의해 지배되는 **인간의 전 생애에 걸친 발달과 변화 가능성**을 강조하였다.
2) 심리사회적 발달단계를 **8단계로 구분**하며 **각각의 단계에는 개인이 직면해야 하는 위기의 발달과업**이 있다. 성격은 각 단계에서 나타나는 위기를 해결한 결과에 따른다.
3) 병적인 것이 아닌 **정상적이고 건강한 것에 초점**을 맞추었다.
4) **자아정체감의 확립**을 중요시하였다.
5) 성격의 구조를 설명함에 있어서 **문화적·역사적 요인**을 관련시켰다.

■ 에릭슨의 심리사회적 발달단계

단계	심리사회적 위기	주요 관계범위	심리사회적 능력(강점)
1. **유**아기(영아기)	기본적 **신**뢰감 대 불신감	어머니(모성인물)	**희**망
2. **초**기 아동기	**자**율성 대 수치심과 회의	부모(부성인물)	**의**지
3. **유**희기(학령전기)	**주**도성(솔선성) 대 죄의식	(핵)가족	**목**적
4. **학**령기(아동기)	근면성 대 열등감	이웃, 학교	**능**력(유**능**성)
5. **청**소년기	**자**아정체감 대 정체감(역할) 혼란	또래집단, 외집단, 지도력의 모형들	**성**실성(충**성**심)
6. **성**인 초기(청년기)	**친**밀감 대 고립감(소외)	우정, 애정, 성, 경쟁, 협동의 대상들	**사**랑
7. **성**인기	생산성 대 침체	직장, 확대가족	**배**려(보호·돌봄)
8. **노**년기	**자**아통합(자아완성) 대 절망	인류, 동족	**지**혜

정답 ⑤

05 아들러(Alfred Adler)의 이론에 관한 설명으로 옳지 않은 것은? [제23회]

① 인간은 사회적 관심에 의해 동기화된다.
② 출생순위는 성격형성에 영향을 준다.
③ 우월에 대한 추구는 선천적으로 타고 나는 것이다.
④ 성격유형을 태도와 기능의 조합에 따라 구분했다.
⑤ 가상적 목표(fictional finalism)는 어려움에 부딪힐 때 효과적으로 대처하는데 도움이 된다.

✱ 박문각 가채점 정답률 61.1%

해설 아들러(A. Adler)는 인생과업의 해결방법이 개인의 생활양식에 달려있다는 것을 강조하면서 일(직업), 우정(친구), 사랑과 결혼이라는 세 가지의 중요한 인생과업에 대한 태도에 따라 인간의 성격을 지배형, 획득형, 회피형, 사회적으로 유용한 유형으로 구분하였다. 이 유형론은 **사회적 관심과 활동수준**을 기준으로 하는데, **사회적 관심**은 개인적 이익보다 사회발전을 위해 다른 사람과 협력하는 것을 의미하며, **활동수준**은 삶의 문제를 해결하려는 개인의 에너지 수준을 의미한다.

■ 아들러(A. Adler) 개인심리이론의 주요 개념 📝 열·우·생·가(에는) 사·창·가(가 있다)

열등감과 보상	열등감과 그에 대한 보상 노력이 **인간을 발전시키는 근원**이 된다고 보았으며, 열등감이 **모든 사람에게 공통적으로 존재**한다고 봄
우월을 향한 노력	자신의 약점을 극복하고 잠재력을 극대화하기 위한 노력으로, 열등감과 함께 인간에게 **공통된 기본적 동기**라고 봄
생활양식	**열등감을 극복하기 위한 독특한 노력으로, 4~5세경에 기본적으로 결정**된다고 봄 ⇨ 생활양식 태도 유형 제시
가족형상	가족성원 간의 정서적 유대, 가족의 크기 및 성적 구성, 출생순위, 가족역할모델 등을 포함하는 가족분위기
사회적 관심	각 개인이 이상적인 공동사회의 목표를 달성하기 위해 **사회에 공헌하려는 경향**으로, 개인적 우월의 목표가 사회적 목표로 이동하는 것 ⇨ **선천적으로 타고나지만 의식적 개발을 필요로 하며**, 사회적 관심의 수준이 **개인의 심리적 건강을 측정하는 유용한 척도**가 된다고 봄
창조적 자기	인간이 **스스로 자신의 성격을 만든다**는 것으로, 유전과 경험을 사용하여 자기 자신을 만들어내는 능력이 있다고 봄 ⇨ 생활양식이 개인의 창조적 행위라고 봄
가공적 목적	**진실이 아니라 진실이라고 믿는 것에 의해 동기가 유발**된다고 보았으며, 인간의 **궁극적 목적은 현실에서 검증될 수 없는 가상의 목적**이라고 봄
생활양식태도 유형	**사회적 관심과 활동수준**을 기준으로 유형화 ① **지배형**(활동수준은 **높으나** 사회적 관심이 **낮은** 유형) ② **획득형**(활동수준은 **중간**이고 사회적 관심은 **낮은** 유형) ③ **회피형**(활동수준과 사회적 관심이 **모두 낮은** 유형) ④ **사회적으로 유용한 생활유형**(활동수준과 사회적 관심이 **모두 높은** 유형)

🔒 정답 ④

06 스키너(B. Skinner)의 이론에 관한 설명으로 옳지 않은 것은? [제23회]

① 부적강화는 바람직한 행동의 빈도를 감소시킨다.
② 가변비율(variable-ratio)계획이 강화계획 중에서 반응률이 가장 높다.
③ 인간행동은 내적 충동보다는 외적 자극에 반응하여 나타난다.
④ 고정간격(fixed-interval)계획은 정해진 시간 간격이 지난 후 강화를 주는 것이다.
⑤ 인간행동은 예측 가능하며 통제할 수 있다.

✱ 박문각 가채점 정답률 82.6%

해설 부적강화는 정적강화와 함께 바람직한 행동의 빈도를 증가시키는 것이 목적이다. 한편 **정적처벌과 부적처벌**은 바람직하지 못한 행동의 빈도를 감소시키는 것이 목적이다.

핵심정리 스키너의 행동주의이론

ABC 패러다임	**A**ntecedents(선행요인) ⇨ **B**ehavior(행동) ⇨ **C**onsequences(결과)
조작적 조건화	**강화와 벌(행동의 결과)**, **능동적(자발적) 반응**, 변별자극, 변별강화, **행동조성(점진적 접근법)**, 미신행동(우연에 의한 조건형성)
강화와 처벌 (보상과 벌)	① **강화(정적·부적)** ⇨ (바람직한) 행동의 재현가능성 **증가** ② **처벌(정적·부적)** ⇨ (바람직하지 못한) 행동의 재현가능성 **감소**
강화계획	① **연속적** 강화계획 ② **간헐적** 강화계획 　㉠ **고정간격** 강화계획 　㉡ **변동(가변·변수)간격** 강화계획 　㉢ **고정비율** 강화계획 　㉣ **변동(가변·변수)비율** 강화계획

정답 ①

피아제(J. Piaget)의 이론에서 '구체적 조작기'에 관한 설명으로 옳지 않은 것은? [제23회]

① 물활론적 사고를 한다.
② 논리적 사고가 가능해진다.
③ 보존개념을 획득한다.
④ 순서대로 나열하는 것이 가능해진다.
⑤ 자기중심성에서 벗어나 타인의 입장을 고려할 수 있게 된다.

✱ 박문각 가채점 정답률 78.9%

해설 물활론적 사고는 전조작기의 특성 중 하나이다.

핵심정리 피아제(J. Piaget)의 인지발달 4단계 주요 내용

감각운동기 (0~2세) 대상의 획득	• 유아의 행동은 대부분 자극에 대한 반응 • 유아적 언어 사용, 상징적 사고 시작 • 대상영속성 획득 : 점진적 발달 ⇨ 상징적 표상기(통찰기)에 완전히 획득
전조작기 (~7세) 상징의 획득	• 언어능력 발달, 논리보다는 지각에 더 의존 • 보존과제 : 수, 질량, 액체의 보존과제(비가역적 사고) • 상징놀이(상상놀이) : 정신적 표상으로 대상을 만들어 놀이 • 물활론(animism) : 모든 사물에 생명이 있다고 믿음 • 자아중심성 : 타인의 관점·생각 등이 자신과 같다고 봄 • 직관적 사고 : 사물이나 사건이 갖는 한 가지의 두드러진 속성만으로 그것을 판단 • 꿈의 실재론 : 자신의 꿈이 실제라고 생각함 • 타율적 도덕성 : 성인들에 의해 규정된 규칙에 복종
구체적 조작기 (~12세 / 11세) 현실의 획득 (원인과 결과)	• 논리적 사고로 전환(직접적 경험·구체적 사건에 한정) • 보존개념 획득 : 동일성, 보상성, 가역성(역조작) • 분류화(유목화) : 여러 사물이나 현상들을 그 속성의 유사성에 따라 분류 • 서열화(연속성) : 여러 사물이나 현상들을 속성에 따라 순서대로 배열 • 탈중심화 : 사물의 어떤 두드러진 특성에만 얽매이지 않음 • 자율적 도덕성 : 상호 합의에 따라 규칙이 변화될 수 있음
형식적 조작기 (~성인기 이전) 사고의 획득	• 논리적 원리의 지배(지각·경험 < 논리) • 새로운 상황 직면 시 현재의 지각적 경험뿐만 아니라 과거와 미래의 경험도 사용 가 • 추상적 사고, 가설 연역적 추리, 조합적 사고, 다차원적 사고(여러 차원을 동시에 고려), 명제적 사고, 경험해 보지 않은 미래에 대한 예측 가

🔒 정답 ①

08 인간발달의 개념과 원리에 관한 설명으로 옳은 것은? [제23회]

① 발달에는 개인차가 존재하므로 최적의 시기가 따로 존재하지 않는다.
② 일정한 순서와 방향이 없어서 예측이 불가능하다.
③ 성숙(maturation)은 경험이나 훈련의 결과와 상관없이 진행된다.
④ 발달은 소근육 말초부위에서 대근육 중심부위로 진행된다.
⑤ 성장(growth)은 유전적으로 미리 정해진 정도까지 도달하는 생물학적 변화이다.

✱ 박문각 가채점 정답률 49.4%

해설 틀린 내용을 바로잡으면 다음과 같다.
① 발달에는 **개인차가 존재**하며, **최적의 시기도 존재**한다.
② 일정한 순서와 방향이 **있어서** 예측이 **가능**하다.
④ 발달은 **대근육 중심부위에서 소근육 말초부위**로 진행된다.
⑤ 성장(growth)은 **신체 크기의 증대, 근력의 증가 등과 같은 양적 확대**를 의미한다.

- **인간의 발달 원리 및 특성**
  1) **멈추는 일이 없이 계속적으로 진행**된다(⇨ **연속성**). 다만, **발달의 속도는 일정하지 않다**(**불규칙성**).
  2) **결정적 시기(최적기)**가 존재한다. 따라서 그 시기에 이루어져야 할 발달과업을 이루지 못할 경우 결함을 나타낼 수 있다.
  3) 인간의 발달은 **유전인자와 환경 간의 끊임없는 상호작용**에 의해 이루어진다.
  4) 인간의 발달은 **점성적 원리**를 따른다. 즉, 발달은 이전 단계의 발달을 기초로 하여 이후의 발달이 이루어진다.
  5) 인간의 발달은 **일정한 순서와 방향성**을 가지고 진행된다. 예컨대 발달은 **머리(상부)로부터 하부 또는 미부**로, **대근육에서 소근육으로**, **중심부위로부터 말초부위로**, **전체 활동에서 특수 활동으로**, **단순한 것에서 복잡한 것**으로 진행된다.
  6) 인간의 발달은 **분화와 통합의 과정**이다.
  7) 인간발달의 각 측면은 상호 간에 관련이 없는 것처럼 보이지만, 각각의 측면들은 **상호 밀접한 관련성**을 갖고 있다.
  8) **개인차**가 있다. 모든 개인은 발달에 있어서 그 속도, 정도, 질에 있어서 동일하지 않다.
  9) **일정한 순서와 방향성이 있어 어느 정도 예측이 가능**하나 **나이가 들수록 예측이 어려워진다**.

- **발달 유사개념**

유사개념	정의
성장(growth)	**신체 크기의 증대, 근력의 증가 등과 같은 양적 변화**
성숙(maturation)	경험이나 훈련에 관계**없이** 인간의 **내적 또는 유전적 기제의 작용**에 의해 나타나는 신체적·심리적 변화
학습(learning)	경험, 훈련 또는 연습의 결과로 일어나는 **개인 내적 변화**
사회화(socialization)	개인이 자기가 속한 사회적 집단에 그 구성원으로서 동화되어 가는 과정(**사회적 기대, 관습, 가치, 신념, 역할, 태도 등을 배우는 것**)

🔒 정답 ③

09 영아기(0~2세)의 특징으로 옳은 것은? [제23회]

① 애착관계를 형성한다.
② 분류화 개념을 획득한다.
③ 서열화를 획득한다.
④ 오이디푸스 콤플렉스(Oedipus complex)를 경험한다.
⑤ 상징적 사고가 활발한 시기이다.

✱ 박문각 가채점 정답률 98.4%

해설 틀린 내용을 바로잡으면 다음과 같다.
② 분류화 개념을 획득한다. ⇨ **아동기(7~12세)**
③ 서열화를 획득한다. ⇨ **아동기(7~12세)**
④ 오이디푸스 콤플렉스(Oedipus complex)를 경험한다. ⇨ **유아기(3~6세)**
⑤ 상징적 사고가 활발한 시기이다. ⇨ **유아기(3~6세)**

핵심정리 영아기 또는 유(乳)아기 발달 특성

1) 0~2세(피아제의 감각운동기와 일치) ⇨ ※ 유의 : 0~1.5세로 출제될 경우 프로이트의 구강기(구순기), 에릭슨의 유아기와 일치 ⇨ 따라서 1.5~3세로 연령을 설정한 문제가 출제될 경우 프로이트의 항문기, 에릭슨의 초기아동기와 일치
2) 신체적 발달
   ① **제1성장급등기**, 남아가 여아에 비해 대체로 큼
   ② **반사운동 : 생존반사**(호흡반사, 빨기반사 = 흡인반사, 젖찾기반사, 연하반사, 동공반사, 눈깜빡반사), **원시반사**(바빈스키반사 = 발바닥반사, 파악반사 = 잡기반사, 걷기반사 = 걸음마반사, 모로반사 = 경악반사, 수영반사 등)
3) 심리적 발달
   ① **언어를 사용하기 시작** : **자기중심적 언어**를 사용하는 것이 특징
   ② **대상영속성(대상불변성)의 확립** : 점진적 형성 ⇨ 24개월경 또는 피아제의 감각운동기 세부 6단계 중 마지막 상징적 표상(= 사고의 시작, 18~24개월) 단계에서 확립
4) 사회적 발달
   애착관계 형성(사회적 애착의 확립) ⇨ 격리불안, 낯선 사람에 대한 불안 경험

🔒 정답 ①

10 유아기(3~6세)의 발달특성에 관한 설명으로 옳지 않은 것은? [제17회]

① 피아제(J. Piaget)의 전조작기의 시기로 분리불안이 나타난다.
② 프로이트(S. Freud)의 오이디푸스 콤플렉스 시기로 이성부모에게 관심을 갖게 된다.
③ 콜버그(L. Kohlberg)의 도덕발달단계에서는 보상 또는 처벌회피를 위해 행동한다.
④ 에릭슨(E. Erikson)의 주도성 대 죄의식 단계로 부모와 가족이 가장 큰 영향을 미친다.
⑤ 성적 정체성(gender identity)이 발달하는 시기이다.

해설 이 문제에서 제시하고 있는 **유아기(3~6세)는 피아제(J. Piaget)의 인지발달 4단계 중 전조작기와 일치하는 시기**이다. 하지만 **분리불안이 나타나는 시기는 생후 첫 단계인 영아기(또는 영유아기, 0~2세)의 특성**이며, 이는 **피아제의 첫 번째 단계인 감각운동기(0~2세)**에 해당한다.

■ ③번 보충 : **콜버그의 도덕성발달단계** 📝 **처복**(이) **상쾌**(하다는) / **소소 · 법사**(는) / **민 · 보**

제1수준 (4~10세) 전인습적 도덕기	1단계	**처벌과 복종 지향** : 처벌을 피하기 위해 규칙과 권위에 복종하고, 행동의 내용보다는 결과로 선악 판단
	2단계	**상대적 쾌락주의(도구적 상대주의)** : 보상 등 개인적인 목적을 위해 규칙에 동조하며, 자신의 욕구와 쾌락에 따라 도덕적 가치 판단
제2수준 (10~13세) 인습적 도덕기	3단계	**착한 소년소녀 지향(개인 상호 간의 규준적 도덕성)** : 타인에게 도움이 되거나 칭찬을 받는 행동을 도덕적이라고 판단
	4단계	**법과 사회질서(사회체계 도덕성)** : 법과 사회질서를 지지하는 정도에 따라 행동 판단(선한 행동은 사회가 정한 규칙을 따르는 것)
제3수준 (13세 이상) 후인습적 도덕기	5단계	**민주적으로 용인된 법(사회계약 지향)** : 법은 민주적 절차를 통해 언제든지 변경시킬 수 있는 것이라고 봄
	6단계	**보편적 원리(일반윤리)** : 법과 사회적 계약 및 시대와 문화를 초월한 보편적 원리에 근거하여 행동 판단(개인의 양심이나 자신이 선택한 보편적 윤리원칙에 따라 옳고 그름 정의)

■ ⑤번 보충 : 유아기(3~6세)는 **성과 관련된 사회적 관계에 관심을 나타내고 자신의 성에 어울리는 행동을 함으로써 성역할을 학습(또는 인식)**하기 시작하며, **성역할의 내면화**가 이루어지고, **성적 정체성(gender identity)이 발달**하는 시기이다. **성에 따른 옷차림, 놀이, 직업에 대한 사회적 기대를 의식하고 이에 따라 행동**하려고 한다.

🔒 정답 ①

아동기(7~12)세의 특징으로 옳은 것은? [제12회]

① 성에너지가 무의식 속으로 잠복하는 시기이다.
② 자기중심적 사고에서 벗어나 추상적 개념을 획득하게 된다.
③ 또래집단과 상호작용이 줄어들자 혼자 있는 시간들이 늘어난다.
④ 신체적 성장과 발달이 급격하게 진행되어 골격이 완성되는 시기이다.
⑤ 학교에서의 성공이나 실패경험이 아동기 자아발달에 중요한 영향을 주지 않는다.

해설 틀린 내용을 바로잡으면 다음과 같다.
② 자기중심적 사고에서 벗어나는 것은 피아제의 구체적 조작기(7~12세) 특성 중 탈중심화와 연결된다. 하지만 **추상적 개념을 획득하는 시기는 청소년기(피아제의 형식적 조작기)이다.** 한편 청소년기에도 자아중심성에 의해 사회인지 발달이 방해를 받게 되는데, 청소년의 자아중심성은 자신의 독특한 세계와 타인의 보편적 세계를 구분하지 못하고, 자신이 특별한 존재라는 착각에 빠져 자신에 대한 강한 자의식을 보이는 것이다. 청소년의 자아중심성이 강하게 나타나는 특징적 행동으로는 **상상의 청중**과 **개인적 우화**가 있다.
③ 아동기에는 가정 밖에서 생활하는 시간이 늘어나면서 자연스럽게 **친구와 우정을 나눌 수 있는 기회가 많아진다.**
④ 신체적 성장과 발달이 급격하게 진행되어 골격이 완성되는 것은 **청소년기**로, 이러한 청소년기의 급격한 신체적 발달특성 때문에 청소년기를 **제2의 성장급등기**(second growth spurt)라고 부르기도 한다.
⑤ 학교에서의 성공이나 실패경험이 아동기 자아발달에 중요한 영향을 줄 수 있다. 학교는 아동의 인지적 발달뿐만 아니라 사회적 발달에도 많은 영향을 미치는데, **저학년일수록 교사의 영향을 많이 받으며 학년이 올라갈수록 친구의 영향을** 많이 받는다.

> **핵심정리** 아동기(또는 학령기) 발달 특성
>
> 1) 7~12세(초등학교 시기·프로이트의 잠재기·에릭슨의 학령기·피아제의 구체적 조작기와 일치)
> 2) 신체적 발달
>   ① 초기(초등학교 입학시기)에는 남아의 성장속도가 더 빠른 반면, 후기(11~12세경)에는 여아의 성장속도가 더 우세해짐
>   ② **유치가 영구치**로 바뀌고, **성장통**(근육성장기 골통)을 겪기도 함
>   ③ 운동능력이 매우 발달하여 성인들이 하는 거의 모든 스포츠 가능
> 3) 심리적 발달
>   ① 언어의 발달 : 공식교육을 통해 문자언어, 발표력, 문법력, 독해력 발달이 현저하게 일어남
>   ② 인지적 발달 : **보존개념 획득, 유목화(분류화) 개념 이해, 조합의 능력**(숫자를 조작하는 능력, 즉 수의 보존개념) 발달, **탈중심화**(사람들이 서로 다른 견해를 가질 수 있음을 인지하고 자신의 행동에 적용하기 시작), **자율적 도덕성** 등
>   ③ 근면성 대 열등감의 위기 ⇨ 능력(유능성)
> 4) 사회적 발달
>   ① **학교** : 저학년 때에는 교사의 영향을 많이 받다가 학년이 올라갈수록 교우의 영향이 점차적으로 커짐
>   ② 친구(또래)관계 : **주로 동성의 아동들**과 집단을 이루게 되며, 친구들과의 상호작용을 통해 자아중심성에서 벗어나 보다 융통성 있는 사고에 접근
>   ③ **단체놀이**(팀 스포츠) : 집단의 목표를 자신의 개인적 목표보다 상위에 놓는 것, 분업의 원리, 경쟁이 가지고 있는 여러 가지 측면들을 배우게 됨
> 5) 학습장애
>   ① 아동기 사회복지실천의 관심대상이 되는 것으로 읽기, 쓰기, 셈하기 등의 기술을 익히는 데 문제를 가져오는 요인
>   ② 뚜렷한 생리학적 문제가 없고, 지능의 문제도 아니며, 정서장애에 의한 것도 아님 ⇨ 정보를 받아들이고 처리해서 사용하는 방식의 문제(언어문제, 시각과 인식에 관련된 문제, 운동장애, 과잉행동 등으로 구분)

🔒 **정답** ①

12 청소년기(13~19세)에 관한 설명으로 옳지 않은 것은? [제22회]

① 신체적 측면에서 제2의 급성장기이다.
② 심리적 이유기의 특징을 보인다.
③ 부모보다 또래집단의 영향력이 커진다.
④ 피아제(J. Piaget)에 의하면 비가역적 사고의 특징이 나타나는 시기이다.
⑤ 프로이트(S. Freud)의 심리성적 발달단계에서 생식기에 해당한다.

해설 비가역적 사고의 특징이 나타나는 시기는 피아제(J. Piaget)의 인지발달단계 중 **전조작기(2~7세)**에 해당되며, 이는 일반적인 인간의 발달단계 중 **유아기(3~6세)**의 특성에 해당된다. 전조작기의 아동은 어떤 대상의 형태나 위치가 바뀌더라도 그 양적 속성이나 실체가 바뀌지 않는다는 것, 즉 **보존개념을 이해하지 못하는 비가역적 사고**를 한다.

핵심정리 청소년기의 발달 특성

1) 13~19(18)세 또는 13~24세(프로이트의 생식기·에릭슨의 청소년기·피아제의 형식적 조작기와 일치·아동기에서 성인기로 전환하는 과도기·중간인·주변인·심리적 이유기·제2의 반항기)
2) **신체적 발달**
   ① 제2성장급등기
   ② 성호르몬의 분비로 인해 남자와 여자의 외모 차이가 뚜렷해짐
   ③ **생식기관의 성숙**과 함께 **제2차 성징**이 나타남
3) **심리적 발달**
   ① 인지적 발달 : **논리적·추상적·비판적·문제해결적 사고능력**과 함께 자신과 사회적 관계를 고려할 수 있는 능력이 발달하는 반면, **자아중심성**에 의해 사회인지 발달이 방해를 받기도 함(**예 상상의 청중, 개인적 우화** 등)
   ② 정서적 발달 : **질풍노도의 시기, 섭식장애**(특히 女) 등
   ③ 자아정체감의 확립 : 청소년기 발달과업 중 가장 중요(에릭슨)
4) **사회적 발달**
   ① 가족관계 : 부모와 가족으로부터 점차 멀어지면서 친구와 자기 자신에게 의존하려는 경향(**심리적 이유기, 제2의 반항기**)
   ② 교우관계 : **성인(부모·교사 등)보다는 또래들로부터의 관심과 지지**가 더 필요하며, 그러한 과정을 통해 **사회성이 발달함**
   ③ 이성관계 : 동성 친구들과 긴밀한 관계를 형성하고 우정을 나누면서 이성에게도 관심을 보이는 시기
   ④ 성역할 정체감의 발달, 성적 사회화(청소년기 **후기**에 성 정체감이 확고해지는 과정 ⇨ ※ **유의** : 청소년기를 13~18세 또는 13~19세로 출제할 경우 청년기의 특징이 됨)

정답 ④

13 중년기(40~64세)에 관한 설명으로 옳은 것은? [제23회]

① 에릭슨(E. Erikson)의 정체성 대 침체 단계에 해당된다.
② 갱년기는 남성에게는 나타나지 않는다.
③ 여성은 에스트로겐 분비가 증가하고, 남성은 테스토스테론 분비가 감소한다.
④ 시각, 청각, 미각, 후각 등의 감각기능이 가장 좋은 시기이다.
⑤ 결정성(crystallized)지능은 계속 발달한다.

✱ 박문각 가채점 정답률 91.9%

해설 틀린 내용을 바로잡으면 다음과 같다.
① 에릭슨(E. Erikson)의 **생산성** 대 침체 단계에 해당된다.
② 갱년기는 **남성에게도 나타난다.**
③ 여성은 에스트로겐 분비가 **감소**하고, 남성은 테스토스테론 분비가 감소한다.
④ 중년기는 노화가 시작되는 시기이다. 따라서 시각, 청각, 미각, 후각 등의 **감각기능이 저하**된다.

핵심정리 중년기(또는 장년기) 발달 특성

1) 40~64세 ⇨ ※ 유의(에릭슨의 성인기·인생의 전환기) : 노화가 시작되는 40세 전후를 중년기의 시작으로 보는 것이 일반적임
2) **신체적 발달**
   ① **이 시기를 전후로 노화 시작** : 신체적 능력과 건강 감퇴 시작, 감각기관의 변화, 신진대사의 저하 ⇨ 질병에 취약해짐
   ② **여성의 변화** : 폐경(생식능력의 상실), 갱년기, 여성호르몬인 에스트로겐 생산 감소
   ③ **남성의 변화** : 여성보다 늦게 갱년기가 시작되며 변화도 보다 점진적, 생식능력은 계속 유지되지만 성적 기능은 저하됨, 남성호르몬인 테스토스테론, 안드로겐(안드로젠) 생산 감소
3) **심리적 발달**
   ① 인지적 발달
      ㄱ. 속도에 크게 의존하는 것을 제외하고는 인지능력의 감소가 크지 않다는 것이 일반적 견해
      ㄴ. **유동성 지능**(지식을 빠르게 획득하고 새로운 상황에 적용하는 능력, 친숙하지 않고 새로운 과제를 수행하는 데 더 중요하게 작용)**은 감소하지만, 결정성 지능**(경험이나 교육, 문화 등을 통해 축적한 지식과 기술, 친숙한 과제를 수행하는 데 더 중요하게 작용)**은 중년기에도 계속 발달**
   ② 문제해결능력 발달 : 새로운 것을 학습하는 능력은 다소 저하되지만, 오랜 경험을 통해 축적된 지혜를 통해 문제해결능력은 높아짐(※ 지휘하는 세대)
   ③ 생산성 대 침체의 위기 ⇨ 배려(보호)
4) **사회적 발달**
   ① 자녀 양육과 함께 부모 부양을 모두 해야 하는 시기(※ 샌드위치 세대)
   ② 부부가 직업세계에 몰두하는 동시에 청소년인 자녀와 갈등이 심화되면서 결혼만족도가 낮아지는 시기 ⇨ 건강한 부부·가족관계를 위한 노력 필요
   ③ 직업관리 : 개인적 성취와 사회적 통합을 위한 가장 중요한 과제, 조기퇴직의 문제가 발생할 수 있음, 재취업 교육이나 프로그램 개발 노력 중요
   ④ 빈둥지증후군

정답 ⑤

14 노년기(65세 이상)에 관한 설명으로 옳지 않은 것은? [제23회]

① 외향성이 증가한다.
② 노년기 사회적 역할과 관계망의 축소는 고독과 소외를 초래할 수도 있다.
③ 친근한 사물에 대한 애착이 증가한다.
④ 생에 대한 회상경향이 증가한다.
⑤ 에릭슨(E. Erikson)은 심리사회적 위기를 극복하면 지혜라는 능력을 얻게 된다고 보았다.

★ 박문각 가채점 정답률 98.4%

해설 노년기(65세 이상)에는 **내향성**이 증가한다.

핵심정리 ▶ 노년기의 발달 특성

1) 65세 이후
2) 신체적 발달 : 급속한 신체적 노화
3) 심리적 발달
   ① 인지적 발달 : 단기기억과 장기기억이 모두 감퇴하지만, 장기기억은 단기기억보다 감퇴 정도가 작음 ⇨ 인지능력의 저하를 오랜 경험을 통해 획득한 **지혜**를 사용하여 보완할 수 있음
   ② 성격적 특성 : 우울경향 증가, 내향성 · 수동성 · 경직성 · 조심성 · 의존성 증가, 생에 대한 회상 증가, 친근한 사물에 대한 애착심, 성역할에 대한 지각 변화, 생애의 나날이 짧아지고 있음을 느끼는 시간전망의 변화, 유산을 남기려는 경향 증가 등
4) 사회적 발달
   ① 자아통합(완성) 대 절망의 위기 ⇨ 극복 시 '지혜' 획득
   ② 조부모 역할 : 공식형(가장 보편적인 유형), 재미추구형, 대리부모형, 가족지혜 저장형, 원거리형
   ③ 원만한 부부관계 · 친구(이웃)관계 유지 노력, 퇴직에 대한 적응
5) 임종의 5단계(쿠블러-로스) : 부정(부인) ⇨ 분노 ⇨ 타협 ⇨ 우울 ⇨ 수용

정답 ①

REGION 02 사회복지조사론

어대훈 Human-Welfare 사회복지사 1급

01 양적 연구와 비교한 질적 연구의 특성으로 옳지 않은 것은? [제15회]
① 연구자의 역할이 더 중요하다.
② 소수의 사례를 깊이 있게 관찰할 수 있다.
③ 연구결과의 일반화가 목표가 아니다.
④ 일반적으로 신뢰도가 더 높다.
⑤ 귀납적 추론의 경향이 더 강하다.

해설 절차의 엄격성과 객관성을 강조하는 양적 연구와 상대적으로 절차의 유연성과 주관성을 강조하는 질적 연구를 비교할 때 일반적으로 **신뢰도가 더 높은 것은 양적 연구**이다.

비교정리 양적 연구와 질적 연구

양적 연구	질적 연구
실증주의 인식론	**해석주의** 인식론, **현상학적** 인식론
객관적 세계(조사자로부터 독립된 객관적 실재가 **존재한다**고 봄)	**주관적** 세계(조사자로부터 독립된 객관적 실재가 **존재하지 않는다고** 봄)
연역적 방법	**귀납적** 방법
가설의 정립과 검증을 통해 사실을 입증할 수 있다고 봄	조사자가 조사대상과 상호교류하면서 대상을 **이해·해석**해야 한다고 봄
법칙과 결과에 관심	**과정**에 관심
표준적 절차 강조	**절차의 유연성** 강조
서비스나 개입의 효과·과정 등을 평가할 때 주로 **정량적** 차원 분석(**정량평가**)	서비스나 개입의 효과·과정 등을 평가할 때 주로 **정성적** 차원 분석(**정성평가**)
가치중립, 객관적	**가치개입**, 주관적
상황을 **통제**하고자 함	상황을 **반영**하고자 함
자료를 **수집하기 전**에 조사설계를 함	조사설계는 **유동적**이며 시간의 흐름에 따라 달라질 수 있음
주로 **구조화된(표준화된) 질문지·면접, 실험**	주로 **개방형 질문, 비구조화된 면접, 참여관찰**
일반화 중시, 일반화 가능성 **높음**	**이행과정** 중시, 일반화 가능성 **낮음**

🔒 정답 ④

02 종단적 조사에 관한 설명으로 옳지 않은 것은? [제10회]

① 조사대상을 일정한 시간간격을 두고 2회 이상 관찰하는 조사를 말한다.
② 패널조사는 매 조사시점마다 동일인이 조사대상이 되도록 계획된다.
③ 개인의 노동시장활동과 같은 장기적 추이를 분석하는데 활용된다.
④ 경향분석(trend analysis)은 매 조사시점에서 조사대상이 동일인이 아니다.
⑤ 1990년대와 2000년대 10대들의 직업선호도 비교는 동류집단(cohort) 조사이다.

해설 1990년대와 2000년대 10대들의 직업선호도 비교는 **경향(추이, trend)조사**이다.

비교정리 횡단조사와 종단조사 비교

시간적 차원	횡단조사	• **일정 시점**에서 **일회적**으로 실시하는 조사 ⇨ **정태적** • 표본의 크기가 **커야** 함 ⇨ 일반화 가능성↑
	종단조사	일정한 시간 간격을 두고 **2회 이상 반복 관찰·측정(자료수집)** ⇨ 연구대상의 변화 파악 ⇨ **동태적** ⇨ 일반화 가능성↓
	패널(panel) 조사	㉠ 일정한 시차를 두고 동일 대상(집단)을 추적조사하는 것으로, **동일집단반복연구**라고도 한다. ㉡ **조사 주제와 대상이 모두 바뀌지 않는 것**으로, 만약 조사대상이 사망·이민·조사거부 등으로 제외될 경우 이를 **패널사망(또는 패널상실)**이라고 표현한다. ㉢ 일정 기간의 변화에 대해 비교적 정확하고 포괄적인 자료를 제공할 수 있다 (⇨ **시간에 따른 변화를 가장 정확하게 알려줄 수 있음**). ㉣ 조사대상자에 대한 추적과 관리로 인해 상대적으로 비용이 많이 드는 단점이 있다. ㉤ 같은 표본을 반복해서 조사하는 것이므로 **패널 조건화(panel conditioning)** 현상이 일어날 수 있다.
	동년배(cohort) 조사	㉠ **동류집단 조사 또는 코호트 조사**라고도 한다. ㉡ 패널조사와 비슷한 점이 있지만 **조사대상이 동일한 것이 아니라 일정연령이나 일정 연령범위 내 사람들의 집단이거나 일정 조건에 해당하는 사람들의 집단**이라는 점, 즉 조사를 실시할 때마다 일정 연령(범위) 또는 일정 조건에 해당되는 사람들의 집단 내에서 조사대상자를 바꾼다는 점에서 패널조사와 다르다.
	경향(trend) 조사	㉠ **추이조사·추세연구** 또는 **추이분석**이라고도 한다. ㉡ **각각 다른 시기에 일정한 연령집단을 조사하는 것** 또는 **일정 주기별 인구 변화에 대해 조사**하는 것을 말한다.

정답 ⑤

03 다음 가설에 포함된 변수에 관한 설명으로 옳은 것은? [제23회]

> 사회복지사가 느끼는 업무부담에 따른 소진정도는 동료와의 친밀도에 따라 달라질 것이다.

① 소진정도 : 통제변수
② 업무부담 : 매개변수
③ 소진정도 : 독립변수
④ 업무부담 : 종속변수
⑤ 동료와의 친밀도 : 조절변수

✱ 박문각 가채점 정답률 82.2%

해설 이 문제에서 제시한 내용 중 **업무부담은 독립변수, 소진정도는 종속변수, 동료와의 친밀도는 조절변수**이다.

핵심정리 ▸ 변수의 종류

선행변수	독립변수에 선행하여 작용하는 제3의 변수(독립변수 앞에서 영향을 주는 변수)
독립변수	원인이 되고, 시간적으로 먼저 변하는 변수(**원인**변수 · 설명변수 · 예측변수 · 실험변수)
종속변수	**결과가 되고, 독립변수가 변한 후 따라서 변하는 변수**(**결과**변수 · 피설명변수 · 피예측변수)
매개변수	인과관계의 매개 역할을 하는 제3의 변수(독립변수의 결과, 종속변수의 원인) 예 노인의 사회활동참여도↑ ⇨ **자아존중감**↑ ⇨ 생활만족도↑
조절변수	독립변수가 종속변수에 미치는 영향력을 조절하는 변수 예 "결혼이 삶의 만족도에 미치는 영향은 **성별**에 따라 다르다."
외생변수	독립변수와 종속변수가 가식적 관계일 때 실제로 관계를 갖고 있는 제3의 변수 예 "소방차 수가 많을수록 화재피해 정도가 커질 것이다(가식적 관계)." ⇨ 이때 제3의 변수(= 외생변수) : '**화재의 규모**'
내생변수	주어진 모형 내에서 다른 변수에 의해 설명되거나 영향을 받는 변수 예 가정폭력은 피해 자녀의 **우울증**에 영향을 미친다.
통제변수	인과관계에 영향을 미칠 가능성이 있어 통제대상이 되는 제3의 변수 ⇨ '통제'는 두 변수 간 인과관계 분석 시 제3의 요인들을 분석에 포함시킨다는 의미 예 경제수준이 비슷한 국가를 대상으로 복지정책의 빈곤감소 효과를 조사할 때 **경제수준**

🔒 정답 ⑤

04 사회복지조사 과정을 순서대로 나열한 것은? [제23회]

> ㄱ. 표집방법을 수립하였다.
> ㄴ. 연구문제의 잠정적 결론으로 가설을 설정하였다.
> ㄷ. 연구가 필요한 주제를 선정하였다.
> ㄹ. 검증된 측정도구로 자료를 수집하였다.
> ㅁ. 자료를 분석하고 가설의 지지여부를 결정하였다.

① ㄱ → ㄴ → ㅁ → ㄷ → ㄹ
② ㄴ → ㄱ → ㄷ → ㄹ → ㅁ
③ ㄴ → ㄷ → ㄱ → ㅁ → ㄹ
④ ㄷ → ㄱ → ㄹ → ㅁ → ㄴ
⑤ ㄷ → ㄴ → ㄱ → ㄹ → ㅁ

✱ 박문각 가채점 정답률 79.4%

해설 ㄷ. **연구**가 필요한 **주제**를 **선정**하였다. ⇨ ㄴ. 연구문제의 잠정적 결론으로 **가설**을 **설정**하였다. ⇨ ㄱ. **표집방법**을 **수립**하였다(< 조사연구설계). ⇨ ㄹ. 검증된 측정도구로 **자료**를 **수집**하였다. ⇨ ㅁ. **자료**를 **분석**하고 가설의 지지여부를 결정하였다.

■ **사회조사의 과정(연역법)**

① 조사문제(연구주제) 선정 ⇨ ② 가설설정 ⇨ ③ 조사연구설계 ⇨ ④ 자료수집 ⇨ ⑤ 자료분석 및 해석 ⇨ ⑥ 보고서 작성

분석단위	개인, 집단, 사회적 가공물
분석의 오류	
생태학적 오류	• 분석단위를 **집단에서 개인으로** 변경할 때 발생하는 오류 • 집단을 대상으로 한 조사결과에 근거하여 개인에 대해서도 같을 것이라고 가정할 때 나타나는 오류
개별주의적 오류	• 개인주의적 오류 • **개인을** 분석단위로 한 조사결과에 근거하여 집단에 대해서도 그러할 것이라고 가정할 때 발생하는 오류
환원주의적 오류	• **축소주의적** 오류 • 어떤 현상에 대한 이해나 원인을 하나의 원리로 국한시킴으로써(지나치게 단순화시킴으로써) 발생하는 오류

정답 ⑤

05 다음 연구설계의 내용에서 확인될 수 있는 내·외적 타당도 저해요인에 관한 설명으로 옳은 것은? [제12회]

> 지진에 의해 정신적 충격에 빠진 재난지역주민 대상 위기개입 프로그램의 효과성을 검증하려고 한다. 이를 위해 위기개입 직전과 개입 후 한 달 만에 각각 동일한 척도로 디스트레스(SCL-90) 정도를 측정하여 비교하였다.

① 우연한 사건이 내적타당도를 저해하고 있다.
② 도구효과가 내적타당도를 저해하고 있다.
③ 실험대상자의 상실(attrition)이 외적타당도를 저해하고 있다.
④ 성숙효과가 내적타당도를 저해하고 있다.
⑤ 선택효과가 외적타당도를 저해하고 있다.

해설 이 문제의 사례에서 힌트가 되고 있는 것은 "위기개입 직전과 개입 후 **한 달 만에** 각각 동일한 척도로 측정하였다."는 것에 있다. **성숙효과**는 **연구기간 중에 연구대상자 개인 또는 연구대상 집단의 특성이 변화함으로써 종속변수에 영향을 미치는 것**을 말한다. 여기에서 특성의 변화는 **연구대상자의 신체적·심리적·경제적·인구통계적 특성 등에 있어서의 변화(성장 또는 퇴화)를 모두 포함**한다.

핵심정리 내적타당도와 외적타당도

구분		내적타당도	외적타당도
정의		독립변수의 변화가 종속변수의 변화에 영향을 미쳤다고 할 수 있는 정도	연구결과를 일반화할 수 있는 정도
저해 요인	내재적 요인 📝 역·성·검 도·회·개 상·상·상	• **역사요인(우연한 사건)** : 연구자의 의도와 관계없이 조사기간 중에 발생한 통제 불가능한 사건 • **성장요인(성숙요인·성숙효과·시간의 경과)** : 조사기간 중 조사대상의 특성이 변화함으로써 종속변수에 영향을 미치는 것 • **검사요인(주시험효과·테스트효과)** : 검사(= 사전검사) 그 자체가 종속변수에 영향을 미치는 것 • **도구요인(도구효과·도구사용·도구화)** : 조사기간 중 측정도구가 바뀌거나 신뢰도가 낮은 측정도구를 사용한 경우 • **회귀요인(통계적 회귀)** : 종속변수의 값이 가장 높거나 낮은 사람들을 실험집단으로 선택한 경우 • **개입의 확산 / 모방** : 참여자들 간 상호작용이나 모방으로 인해 의도했던 집단 간 차이에 대한 설명이 불분명해지는 것 • **상실요인(실험대상자·피험자 상실)** : 실험집단 또는 통제집단에 속한 사람이 조사기간 중에 빠져나간 경우 • **선택과의 상호작용**(선택의 편의 + 내적타당도 저해요인의 상호작용) • **사전검사와 실험처치(개입) 간의 상호작용**	• **표본의 대표성 문제** • **반응효과(조사반응성 또는 조사에 대한 민감성)** • **플라시보효과(또는 위약효과)** • **사전검사와 실험처치 간의 상호작용** • 내용이 모호하거나 지나치게 짧은 연구 • 조사대상자의 구체적인 속성을 자세히 설명하지 않은 연구
	외재적 요인	**선택의 편의(표본의 편중, bias)** ⇨ 실험집단과 통제(비교)집단을 무작위로 선정하지 못한 경우 또는 종속변수에 영향을 미칠 요인이 이미 작용한 사람들을 선택한 경우에 발생	
내적타당도와 외적타당도의 관계		• 외적타당도를 확보하기 위해서는 내적타당도가 필요하다. • 내적타당도가 높다고 해서 항상 외적타당도가 높은 것은 아니다. • 내적타당도가 낮으면 외적타당도도 낮다(또는 일반화할 수 없다). • 사전검사는 내적타당도 위험요인이면서 외적타당도 위험요인이다.	

🔒 정답 ④

06 인과관계를 성립시키기 위한 요건에 해당하는 것을 모두 고른 것은? [제17회]

> ㄱ. 독립변수가 종속변수를 시간적으로 앞서야 한다.
> ㄴ. 독립변수와 종속변수가 일정한 방식으로 같이 변해야 한다.
> ㄷ. 독립변수와 종속변수의 관계가 허위적 관계이어야 한다.

① ㄱ
② ㄱ, ㄴ
③ ㄱ, ㄷ
④ ㄴ, ㄷ
⑤ ㄱ, ㄴ, ㄷ

해설 독립변수와 종속변수의 관계는 **허위적 관계(가식적 관계)가 아니어야** 한다.

■ **실험설계 주요 내용**

목적	• 인과관계 검증(변수 간 관계의 인과성 확인)
실험설계 기본구조 (실험조건)	• 무작위화에 의한 실험집단 및 통제집단(비교집단) 설정 • 독립변수 조작(실험처치·프로그램 실시) • 외생변수 통제(⇨ 종속변수의 비교)
인과관계 성립조건	• 조작 ⇨ **시간적 우선성(시간차이)**: 원인이 결과보다 시간적으로 우선해야 하며, 이를 확인하기 위해서는 독립변수의 **조작**이 가능해야 한다. • 비교 ⇨ **상관성(공변성)**: 두 변수가 경험적으로 서로 상관관계(또는 공변관계)가 있어야 하는데, 이를 확인하기 위해서는 **비교**의 구조가 갖추어져야 한다. • 통제 ⇨ **비가식적 관계(비허위적 관계·외부설명의 배제·가식적 관계의 배제)**: 두 변수 간의 관계가 가식적 관계(또는 허위적 관계)이어서는 안 되는데, 이를 확인하기 위해서는 **변수의 통제(외부설명의 배제)**가 가능해야 한다.
	시·조(와) 공·비(는) 비가·통제(한다)!

인과관계 성립조건에 따른 조사설계의 형태

인과관계 조건 \ 조사설계 형태	순수실험설계	유사실험설계	전실험설계	비실험설계
통제(비교)집단 설정 여부 및 방법	난선화 방법으로 설정(= 무작위 할당)	**난선화 이외의** 방법으로 설정	비설정 또는 난선화 이외의 방법으로 설정	비설정 또는 난선화 이외의 방법으로 설정
독립변수 조작 가능성	가능	가능	가능 또는 불가능	불가능
외생변수 통제 가능성	가능	가능	거의 불가능	거의 불가능

정답 ②

07 실험설계에 관한 설명으로 옳지 않은 것은? [제14회]

① 순수실험설계는 무작위할당을 활용해야 한다.
② 순수실험설계가 준(유사)실험설계에 비해 내적타당도가 높다.
③ 준(유사)실험설계에는 사전 측정이 있어야 한다.
④ 준(유사)실험설계에는 두 개 이상의 집단이 필요하다.
⑤ 단일집단사전사후검사설계는 전실험설계이다.

해설 준실험설계(또는 유사실험설계 · 의사실험설계 · 반실험설계) 중 **단순시계열설계(또는 단일집단 시계열 조사설계)**의 경우에는 정확한 의미의 통제집단 없이 실험집단만 있으므로 집단이 하나이다.

핵심정리 순수실험설계(진실실험설계) 🖉 솔로몬4집 · 가 · 요 · 전후(를 비교해보니) · 후(가 간단)!

종류	내용
통제집단 사전사후 (전후) 비교설계	R O_1 X O_2 R O_3 O_4 • 실험집단 : 독립변수 조작○ ┐ • 통제집단 : 독립변수 조작× ┘ ⇨ 차이를 전후 비교 • 장점 : 전반적으로 내적타당도↑ • 단점 : **검사요인(주시험효과), 도구요인 등 발생가능성 有, 상호작용시험효과 제거 불가능**
통제집단 사후(후) 비교설계	R X O_1 R O_2 • 장점 : 사전검사 실시× ⇨ 사전검사 영향 無 • 단점 : 사전검사 실시× **최초 상태를 정확히 알 수 없음**(※ 유의 : 양 집단의 최초 상태가 동일 하다는 가정은 할 수 있음)
솔로몬 4집단설계 (솔로몬연구 설계)	R O_1 X O_2 R O_3 O_4 R X O_5 R O_6 통제집단 전후 비교설계 + 통제집단 후 비교설계 • 장점 : 내적 · 외적 타당도를 모두 높일 수 있어 매우 이상적 • 단점 : 4개 집단을 무작위로 선정하기 어렵고 복잡, 비용부담
요인설계	<table><tr><td rowspan="2">ADHD 아동 대상</td><td colspan="2">프로그램</td></tr><tr><td>놀이치료</td><td>음악치료</td></tr><tr><td rowspan="2">실시시기</td><td>오전</td><td>집단A</td><td>집단C</td></tr><tr><td>오후</td><td>집단B</td><td>집단D</td></tr></table>독립변수가 두 개 이상일 때(프로그램을 두 가지 이상 실시하는 경우) 적용되는 설계 • 장점 : 일반화 정도(외적타당도)↑ • 단점 : 복잡해짐 + 시간 · 비용 · 인력 부담
가실험 통제집단설계	R O_1 X O_2 R X O_1 R O_3 O_4 또는 R O_2 R O_5 X_p O_6 R X_p O_3 통제집단 전후 또는 후 비교설계 + 위약효과(플라시보효과)를 측정할 수 있는 한 집단을 추가

핵심정리 유사실험설계(준실험설계 · 반실험설계 · 의사실험설계) 유 · 준 · 반 · 의   비 · 단 · 복

비동일 통제집단설계	O_1　　　　X　　　　O_2 O_3　　　　　　　　O_4
	순수실험설계의 통제집단 전후 비교설계와 유사하지만, 실험집단과 통제집단이 무작위할당에 의해 선정되지 않고 임의적인 방법으로 구성된다는 점에서 다름
단순시계열설계 (단일집단 시계열설계 · 시간연속설계)	O_1 O_2 O_3 O_4　　X　　O_5 O_6 O_7 O_8
	통제(비교)집단을 설정하기 곤란한 경우 한 집단을 선정하여 실험조치(= 독립변수의 조작) 전에 몇 번 이상 검사를 실시하고, 실험조치 후 다시 몇 번 이상 검사를 실시하여 전과 후의 경향을 비교하는 방법 ⇨ ※ 실험조치 전에 이루어지는 몇 차례의 검사들이 간접적인 통제집단의 역할을 할 수 있다는 논리
복수시계열설계 (복수집단 시계열설계 · 다중시계열설계)	O_1　O_2　O_3　O_4　X　O_5　O_6　O_7　O_8 O_9　O_{10}　O_{11}　O_{12}　　　O_{13}　O_{14}　O_{15}　O_{16}
	정확한 의미의 통제(비교)집단이 없어서 인과관계 추정에 문제가 발생할 수 있는 단순시계열설계의 단점을 개선하기 위하여 단순시계열설계에 통제집단을 추가한 설계

핵심정리 원시실험설계(전실험설계 · 선실험설계) 원시 · 전 · 선   1사 · 단 · 정비

1**회** 사례연구 (단일집단 사후 비교설계)	X　　　　　　O_1
	어떤 단일집단에 대해 독립변수를 도입한 후 종속변수의 특성을 검사하여 결과를 평가하는 방법(= 독립변수에 노출된 하나의 집단에 대해 사후적으로 종속변수를 측정하는 방법)
단일집단 전후 비교설계	O_1　　　X　　　O_2
	1회 사례연구에 사전검사를 하나 더 추가한 설계(= 사전검사 실시 ⇨ 독립변수 도입 ⇨ 사후검사 실시)
정태적 집단 비교설계 (비동일집단 사후 비교설계)	X　　　　　O_1 　　　　　　O_2
	실험집단에 대해서는 독립변수를 도입한 후 사후검사를 실시하고, 통제집단에 대해서는 독립변수를 도입하지 않고 사후검사를 실시하는 설계(= 유사실험설계의 비동일 통제집단설계에서 사전검사가 없는 형태)

정답 ④

단일사례연구에 관한 설명으로 옳지 않은 것은? [제22회]

① 복수의 각기 다른 개입방법을 연속적으로 도입할 수 없다.
② 시계열설계의 논리를 개별사례에 적용한 것이다.
③ 윤리적인 문제가 발생할 수 있다.
④ 실천과정과 조사연구과정이 통합될 수 있다.
⑤ 다중기초선 설계의 적용이 가능하다.

해설 단일사례(연구)설계는 복수의 각기 다른 개입방법을 연속적으로 도입할 수 있으며, 대표적으로 **복수요인 (또는 다중요소 · ABCD) 설계**가 있다.

핵심정리 단일사례설계

목적	특정 문제(표적행동) 해결을 위한 개입의 효과 규명
특징	① 단일대상(단일사례) ⇨ 외적타당도가 낮은 단점이 나타날 수 있으나, 어떤 방법을 활용하는가에 따라 달라질 수 있음 ② 반복측정(최소한 세 개 이상의 측정점 또는 관찰점 필요) ③ 즉각적인 환류와 개입방법의 변경 · 보완 ④ 실험설계의 인과적 논리구조 유추 적용 ⑤ 시계열설계의 논리를 개별사례에 적용 ⇨ 실천과정과 연구과정 통합 可
기본 구조	기초선 단계(오로지 관찰) ⇨ 'A' 개입 단계(개입 + 관찰) ⇨ 'B'
종류	**AB (기본단일사례)**: 가장 간단하지만 외부요인에 대한 통제가 없는 상태에서 조사를 실시하기 때문에 개입효과를 추정함에 있어 신빙성 낮음
	ABA: AB설계에 의한 개입을 일정 기간 실시하고 나서 **개입을 중단한 후 표적행동 관찰** (제2기초선 또는 반전기간) ⇨ **윤리적 문제** 발생 可
	ABAB: 외부요인의 영향력에 대한 통제력이 크기 때문에 개입효과에 대한 신빙성 매우 높음 ⇨ ABA설계와 마찬가지로 **윤리적 문제** 발생 可
	BAB: **조속한 개입**을 필요로 할 경우(사전자료가 없거나 시간 여유가 없어 기초선 단계에서 표적행동을 관찰할 수 없을 때) ⇨ **위기개입에 유용**
	ABCD (다중요소 · 복수요인): ABC, ABCD, ABCDE와 같이 하나의 기초선(A)에 각각 다른 개입방법들(B, C, …)을 연속적으로 도입 ⇨ **이월효과, 순서효과, 우연한 사건** 등 주의
	복수기초선 (다중기초선): 하나의 동일한 개입방법(B)을 **여러 문제, 여러 상황, 여러 대상자**에게 적용 ⇨ 개입효과 규명에 있어서 **신빙성을 높이기 위한 방법**(AB설계보다 외부요인의 영향력에 대한 통제력도 大)

정답 ①

09 다음 조사에 해당하는 표집방법은? [제15회]

> 한국산업인력공단은 2015년 사회복지사 1급 국가시험 합격자 명단에서 수험번호가 가장 앞 쪽인 10명 중 무작위로 첫 번째 요소를 추출하였다. 그 후 첫 번째 요소로부터 매 10번째 요소를 추출하여 합격자들의 특성을 파악하였다.

① 체계적 표집
② 단순무작위표집
③ 층화표집
④ 할당표집
⑤ 다단계 집락표집

해설 문제에서 제시하고 있는 내용이 자연스럽게 결정적인 힌트가 된다. 즉, 수험번호가 가장 앞쪽인 10명 중 무작위로 첫 번째 요소를 추출하였고, 그 후 첫 번째 요소로부터 매 10번째 요소를 추출하였다는 것이 **표집간격(K=10)을** 활용하였다는 것이므로 **체계적 표집(또는 계층표집·계통표집)**을 설명하고 있는 내용이다. 체계적 표집은 일련번호를 붙인 표집틀을 마련하고 모집단 총수를 필요한 표본수로 나누어 **표집간격**을 구하며 첫 번째 표집간격 안에 들어 있는 숫자 가운데 하나를 무작위로 선택하여 추출된 최초의 표본으로 삼고 나머지 표본들은 기계적으로 정해진 표집간격에 따라 추출하는 확률표집방법이다.

핵심정리 표집방법

확률 표집	단순 무작위	• 모집단에서 표본으로 추출될 확률 동일 • **난수표(무작위번호표)**, 단순무작위프로그램, 제비뽑기 등 • 임의로 표본을 선정하는 **연구자의 주관적 의도 배제** • 동일한 크기의 표본일 경우 층화표집보다 표본오차가 큼
	체계적	• **표집간격** 활용 • **계층표집·계통적** 표집(⇨ 계씨 3형제 표집)
	층화	• 모집단을 **두 개 이상 중복되지 않는 층으로 구분**한 후 단순무작위 또는 체계적 표집을 활용하여 표본추출 • **집단 간 이질성, 집단 내 동질성** • **동질적 집단에서의 표집오차가 이질적 집단에서의 표집오차보다 작다는 논리**에 근거 • 비례 층화표집, 비비례 층화표집
	집락	• 한 번 이상의 무작위 표집으로 **지역(집단)단위 및 그 하위지역(집단)단위를 선정, 최종 선정된 지역(집단)에서 표본추출** • 지역단위 및 표집단위 선정 시 **단순무작위표집, 체계적 표집, 층화표집 중 어느 것이든 사용 可** • **집단 간 동질성, 집단 내 이질성** • **지역**표집·**군집**표집·**다단계**표집
비확률 표집	할당	• 층화표집과 비슷하나 무작위 과정이 **없음(임의적으로 표집)** • **동질적 집단에서의 표집오차가 이질적 집단에서의 표집오차보다 작다는 논리**에 근거 • 비례 할당표집, 비비례 할당표집
	편의	• 모집단에 대해 전혀 **알지 못하거나** 모집단이 매우 **동질적인 경우** • **우연**표집·**우발적** 표집·**가용**표집
	유의	• 조사문제와 모집단에 대해 충분한 **사전지식**이 있는 경우 • **탐색적 조사**에서 종종 사용 • **판단**표집·**의도적** 표집
	눈덩이	• 조사대상자의 **소재를 잘 모를 때** • **일탈적 하위문화** 연구에 적합(도박, 약물중독, 매매춘 등) • **누적(누증)표집·연쇄의뢰(연쇄소개)표집**

정답 ①

측정의 신뢰도와 타당도에 관한 설명으로 옳은 것은? [제12회]

① 동일인이 한 체중계로 여러 번 몸무게를 측정하는 것은 체중계의 타당도와 관련되어 있다.
② 편향은 측정의 무작위 오류와 관련되어 있다.
③ 측정도구의 높은 신뢰성이 측정의 타당성을 보증하지 않는다.
④ 측정도구의 타당도를 검사하기 위해 반분법을 활용한다.
⑤ 기준관련 타당도 검사를 위해 해당개념과 관련된 이론적 모형이 필요하다.

해설 타당도는 측정도구(또는 척도·조사도구)가 문제의 개념을 실제로 측정하고 있는가, 즉 그 **개념이 정확히 측정되고 있는가**의 측면을 말한다(⇨ **측정 또는 척도의 정확도**). 한편 신뢰도는 단순히 **측정도구의 일관성**을 의미한다(⇨ **측정 또는 척도의 일관성**). 틀린 내용을 바로잡으면 다음과 같다.
① 동일인이 한 체중계로 여러 번 몸무게를 측정하는 것은 체중계의 **신뢰도**와 관련되어 있다.
② 편향은 측정의 **체계적 오류**와 관련되어 있다.
④ 측정도구의 **신뢰도**를 검사하기 위해 반분법을 활용한다. 반분법 외에 신뢰도를 검사하는 방법에는 상호관찰자 기법(관찰자 간 신뢰도), 재검사법(검사-재검사법), 대안법(복수양식법·평행양식법·동등양식법·유사양식법), 크론바 알파 등이 있다.
⑤ **이론적 타당도(구성타당도·개념타당도)** 검사를 위해 해당개념과 관련된 이론적 모형이 필요하다. 한편 기준관련 타당도는 **새로 개발한 측정도구의 측정결과와 기존의 다른 측정도구(= 기준이 되는 측정도구)의 측정결과 사이에 상관관계가 높은 경우 새로 개발한 측정도구의 타당도가 확보되었다고 판단하는 방법**이다(**경험적 타당도** 또는 **실용적 타당도**라고도 함).

■ 측정의 타당도와 신뢰도의 관계
  1) 타당도가 높으면(있으면) 신뢰도도 높다(있다).
  2) 신뢰도가 높으면(있으면) 타당도는 높을(있을) 수도 있고 낮을(없을) 수도 있다. 즉, 높은 신뢰도가 타당도를 보증하는 것은 아니다.
  3) 신뢰도가 낮으면(높으면) 타당도도 낮다(없다).
  4) 타당도는 신뢰도의 충분조건이다. 즉, 타당도가 낮아도 신뢰도는 충분히 높을 수 있다.
  5) 신뢰도는 타당도의 필요조건이다. 즉, 타당도가 확보되기 위해서는 신뢰도가 필요하다.

타당도↑ & 신뢰도↑	신뢰도↑, 타당도↓	신뢰도↓ & 타당도↓
(과녁 중앙에 모인 점)	(과녁 밖 한쪽에 모인 점)	(과녁 주변에 흩어진 점)

정답 ③

11 측정(도구)의 신뢰도와 타당도 확보방법에 관한 설명으로 옳지 않은 것은? [어쌤출제]

① 신뢰도 확보방법으로 상호관찰자기법, 재검사법, 복수양식법, 반분법, 크론바알파 등이 있다.
② 타당도 확보방법으로 내용타당도, 기준타당도, 구성타당도 등이 있다.
③ 재검사법은 동일한 측정도구를 반복 측정하여 비교하는 것이다.
④ 반분법은 유사한 것으로 추정되는 두 개의 척도를 사용하는 방법이다.
⑤ 내용타당도는 측정도구가 측정대상을 적절히 측정할 수 있는 도구인가를 연구자나 전문가가 주관적으로 판단하는 것이다.

해설 유사한 것으로 추정되는 두 개의 척도를 사용하는 방법은 복수양식법이다.

■ 신뢰도 확보방법과 타당도 확보방법 주요 내용

신뢰도 확보방법	
상호관찰자 기법	• 관찰자 간 신뢰도, 조사자 간 신뢰도 • 같은 대상을 서로 다른 관찰자가 관찰하여 측정한 값 사이의 일치도(상관관계)에 따라 신뢰도 판단
재검사법	• 같은 측정도구를 반복 측정 후 비교(**검사 – 재검사법**) • **장점** : 동일 측정도구 직접 비교 • **단점** : 성장요인·역사요인·검사요인(주시험효과) 등 발생가능성↑
복수양식법	• **대안법(대안양식법·평행양식법·동등양식법·유사양식법·동형검사법)** • 유사한(또는 동등) 것으로 추정되는 두 개의 측정도구를 사용하여 동일한 대상에게 적용 ⇨ 유사(동등)한 측정도구 개발이 어려움
반분법	• 측정 후 문항을 반으로 나눠 측정값을 각각 계산하여 비교 ⇨ 동등하게 반분하기 어렵고(⇨ **나누는 방식에 따라 신뢰도 계수 상이**), 측정문항이 적으면 사용할 수 없고, 상관관계가 낮을 경우 어떤 문항을 제거해야 할지 알 수 없음
크론바알파	• **가능한 모든 반분 신뢰도 계수**를 구한 후 그 **평균값**으로 신뢰도 산정(⇨ **크론바 알파 계수**) • **현실적으로 가장 많이 사용**
타당도 확보방법	
내용타당도	• **논리적** 타당도, **액면**타당도(액면으로 본 **내용이 논리적인가?**) 📝 **내·논·액 타당도** • **척도구성의 필수과정**, 측정대상을 적절히 측정할 수 있는 도구인가를 연구자나 전문가가 **주관적으로 판단**, 측정하고자 하는 개념의 **포괄적 내용**을 포함하고 있어야 함
기준타당도	• **실용적** 타당도, **경험적** 타당도 📝 **기·실·경 타당도** • **다른 측정치**를 기준으로 사용, 판단 ⇨ **새로 개발한 측정도구와 기존의 다른 측정도구**의 측정결과 간 상관관계 확인 • **동시**타당도(기준이 현재 상태와 연결), **예측**타당도(기준이 미래 상태와 연결)
구성타당도	• **이론적** 타당도, **개념**타당도(측정하고자 하는 개념이 기존의 **이론적** 관점에 적합하게 **구성**되었는가?) 📝 **이·구·개(개·구·리) 타당도**

🔒 정답 ④

서베이(survey)에서 우편설문법과 비교한 대인면접법의 특성으로 옳지 않은 것은? [제13회]
① 비언어적 행위의 관찰이 가능하다.
② 대리응답의 가능성이 낮다.
③ 질문과정에서의 유연성이 높다.
④ 응답환경을 구조화하기 어렵다.
⑤ 표집조건이 동일하다면 비용이 많이 든다.

해설 대인면접법(또는 면접조사방법)은 남에게 방해받지 않고 개별적으로 진행될 수 있도록 응답환경(면접환경)을 통제할 수 있고 구조화(표준화)할 수 있다는 장점이 있다. 반면에 **우편설문법(또는 우편조사방법)**의 경우 **응답 환경을 통제할 수 없기 때문**에 타인의 방해를 받을 수 있을 뿐만 아니라 타인에 의해서 작성될 수도 있다.

핵심정리 우편조사(우편설문법)와 면접조사(대인면접법)

우편	장점	• 시간과 비용의 절약, 접근용이성 • 익명성, 면접자 편의(bias) 방지
	단점	• 낮은 응답률(회수율), 언어적 행동만 조사 가능 • 융통성의 결여, 환경에 대한 통제 불능, 간단한 질문만 적합
면접		• 대면·구두 방식 ⇨ 응답내용을 면접자가 기록 • 서베이(양적 조사)뿐만 아니라 질적 조사에서도 널리 사용 • 심층탐구(캐묻기)를 수행하는 데 유리

	유형	• **구조화(표준화) 면접** : 면접조사표 활용
		• **반구조화 면접** : 면접지침 활용(구조화 면접과 비구조화 면접의 중간형태)
		• **비구조화 면접**
		  - 면접조사표나 지침 없이 면접주제만 선정하여 자유롭게 질문
		  - 면접자의 전문적 능력 중요, 탐색적 조사에서 많이 활용

	장점	• 높은 응답률 및 완성도, 비언어적 행위 관찰 가능 • 융통성, 환경에 대한 통제 가능, 복잡한 질문 가능
	단점	• 시간과 비용 부담↑ • 면접자 편의, 익명성 결여

정답 ④

13 사회복지사 1급 국가시험이 1회부터 10회까지 아동 관련 이슈를 얼마나 다루었는지를 분석할 때 사용된 연구방법에 관한 설명으로 옳지 않은 것은? [제11회]

① 분석대상에 영향을 미치지 않는다.
② 필요한 경우 재분석이 가능하다.
③ 직접조사보다 경제적이다.
④ 양적 내용을 질적 자료로 전환한다.
⑤ 다양한 기록자료 유형을 분석할 수 있다.

해설 문제에서 '사회복지사 1급 국가시험이 1회부터 10회까지 아동 관련 이슈를 얼마나 다루었는지를 분석할 때 사용된 연구방법'이라고 하였으므로 '**내용분석(content analysis)**'에 관한 문제이다. 내용분석은 주로 **질적인 내용을 양적인 자료로 전환하여 분석하는 방법**인데, 양적인 분석방법뿐만 아니라 질적인 분석방법을 모두 활용할 수 있다. 즉, 수적인 용어를 사용한 **계량적 기술뿐만 아니라 질적인 분석방법도 모두 사용하는 경향으로 발전**해 왔다. 그 외에 내용분석의 장점과 단점을 살펴보면 다음과 같다.

1) **내용분석의 장점**
   ① **안전성** : 서베이나 실험 등과는 달리 내용분석은 실수가 발생되더라도 기존의 자료를 다시 검토하면 되기 때문에 실수를 쉽게 보완할 수 있다.
   ② **시간과 비용의 절약** : 직접적인 자료수집 방법에 비하여 보다 경제적이다.
   ③ **역사적 연구에 적용 가능** : 장기간에 걸쳐 일어난 과정을 연구할 수 있기 때문에 역사적인 연구에도 적용 가능하다. 예를 들어, 사회복지에 대한 정부의 정책 변화를 파악하기 위해 정부 간행물에 대한 내용분석을 할 수 있다.
   ④ **조사대상자의 반응성 배제** : 내용분석은 **비관여적 조사연구방법**이므로 조사대상자의 반응성이 문제되지 않는다. 즉, 조사대상자의 행동이 이미 과거에 일어난 것이기 때문에 그 후에 시행되는 조사가 그것에 영향을 미칠 수 없다.
2) **내용분석의 단점**
   ① **기록물에의 의존** : 내용분석은 기록된 자료에만 의존한다. 즉, 기록되지 않은 것을 연구하는 것은 불가능하다.
   ② **선택의 편의(선정편향) 발생 가능성** : 자료를 수집함에 있어 선택의 편의(bias)가 발생할 수 있다.
   ③ **실제적 타당도 확보 곤란** : 자료수집의 타당도는 확보할 수 있으나 실제적인 타당도를 확보하기는 어렵다. 기록된 내용에 대한 타당도가 높게 확보되었다고 하더라도 어떤 행위자의 행동, 태도, 가치 등이 그 기록물에 그대로 반영되었다고 단정할 수는 없기 때문에 실제의 특성을 제대로 파악했다고 보기는 어렵다.
   ④ **자료확보의 한계** : 자료의 입수가 제한되어 실제 연구에 한계가 있을 수 있다. 또한 기존 자료를 굳이 사용할 필요가 없고, 다른 방법에 의한 연구가 가능하다면 굳이 내용분석을 우선적으로 채택할 필요는 없다고 할 수 있다.

정답 ④

다음의 사회복지 연구방법에서 성격이 다른 것은? [제23회]

① 근거이론(grounded theory) 연구
② 참여행동(participatory action) 연구
③ 서베이(survey) 연구
④ 민속학적(ethnographic) 연구
⑤ 현상학적(phenomenological) 연구

✱ 박문각 가채점 정답률 78.5%

해설 질적 연구방법과 양적 연구방법을 구분하는 문제이다. **서베이는 양적 연구에서의 대표적인 자료수집방법**으로, 설문지나 면접, 전화 등을 활용하여 자료를 수집한다(**표본조사** ⇨ 모집단의 특성 추론). 따라서 비교적 규모가 큰 모집단의 특성을 묘사하는 데 유용하고, 객관적 측정이 가능하며, 일반화 가능성이 높다.

민속학적 연구 (문화기술지)	① 인류학(문화인류학)에 기원을 두고 있는 것으로 **특정 문화를 공유하는 집단의 체계, 관습, 생활방식, 규범 등에 대해 기술**하는 연구 ② 사회적 약자계층 등 **지배문화로부터 벗어난 사람들의 삶의 양식을 조사**하는 데 주로 이용(도시빈민 문화, 갱 문화, 시설보호노인들의 삶의 이해 등)
근거이론 (현실기반이론)	① 기존이론들이 확립되지 않은 분야에서 이론을 잠정적으로 도출하고자 할 때 주로 사용하는 방법으로, **현실적인 자료에 기초하여 도출된 이론**이라는 측면을 강조하기 때문에 **현실기반이론**이라고도 부름 ② **조사과정을 통해 체계적으로 분석된 자료를 상호 비교 · 검토하여 이론을 추출**하는 방법 ③ **귀납적 방법에 입각하여 경험적 자료에 충실한 이론을 개발**하고자 함
사례연구	① 개인, 가족, 집단, 지역사회, 조직 등을 **개별 단위로 깊이 있게 분석**하는 것 ② **질적인 방법을 사용**해 단일 사회현상에 대해 연구할 수 있는 깊이 있고 다양한 조사방법으로 **양적인 방법과 결합해서 사용될 수 있는 방법이기도 함**
현상학적 연구	① 어떤 현상에 대한 **사람들의 주관적 경험의 의미를 연구**하는 것 ② 현상에 대한 **연구자 자신의 선입견을 배제하기 위한 방법** 활용(조사과정 중 연구자의 편견 최소화)
참여행동 연구	① 연구자가 **연구대상자(주로 사회적 약자)의 입장에서 그들에게 도움이 될 수 있는 조사를 수행**하는 방법 ② **사회변화와 임파워먼트를 목적으로 함** ③ **연구대상자를 단순히 연구대상이 아닌 연구의 주체로 보며, 연구대상자가 조사에 대한 주도권과 통제권을 가짐**
내러티브 연구	① **개인의 인생을 탐색하는 데 초점** ⇨ 한 명 또는 그 이상의 사람(들)을 면접하거나 관련 문서들을 활용하여 자료수집 ② **개인에 관한 연구문제(또는 주제)를 이야기 식으로 서술**

정답 ③

50대 중반부부 동반 합격!! 감사 인사드립니다.

안녕하세요.. 인강으로 공부한 제자입니다.
방송대 사회복지학과를 졸업하고 1급 국가시험을 계속 미루고 있다가 **신랑의 조언으로 같이 시험 공부**를 하게 되었습니다.

선생님의 조언처럼 **다빈출코드, 이론강의, 핵심기출문제, 핵심요약정리 강의를 빠짐없이 수강**하고 **복습, 예습하면서 외워야 한다는 부분은 확실히 외우려고 여러 번 반복**했습니다.
어쌤의 **OX 문제를 풀 때는 시간을 정확히 지켜가면서 풀었고, 마지막 정리 시 활용**했습니다.

50 중반을 지나는 나이에 선생님 말씀대로 열심히 한 결과 '둘 다 합격'이라는 기쁨을 얻었습니다.
선생님께 다시 한번 감사드리며 항상 건강하시길 바라겠습니다.^^

[아내분 점수]

2024년 제22회 사회복지사 1급(필기)			
구분	시험과목		점수
1교시	사회복지기초	인간행동과 사회환경	22
		사회복지조사론	18
2교시	사회복지실천	사회복지실천론	21
		사회복지실천기술론	19
		지역사회복지론	23
3교시	사회복지정책과 제도	사회복지정책론	19
		사회복지행정론	21
		사회복지법제론	17
총점(200점 만점)			160
평균			80
시험결과			합격

[남편분 점수]

2024년 제22회 사회복지사 1급(필기)			
구분	시험과목		점수
1교시	사회복지기초	인간행동과 사회환경	15
		사회복지조사론	15
2교시	사회복지실천	사회복지실천론	20
		사회복지실천기술론	19
		지역사회복지론	19
3교시	사회복지정책과 제도	사회복지정책론	20
		사회복지행정론	21
		사회복지법제론	15
총점(200점 만점)			144
평균			72
시험결과			합격

제22회 국가시험 합격수기 중 발췌

어대훈 Human-Welfare
사회복지사 1급

 배워서 남 주고 함께 나누기!!

사회복지실천

1영역 사회복지실천론
2영역 사회복지실천기술론
3영역 지역사회복지론

REGION 01

어대훈 Human-Welfare 사회복지사 1급

사회복지실천론

 01 인도주의와 박애사상이 사회복지실천에 미친 영향으로 옳은 것을 모두 고른 것은? [제23회]

> ㄱ. 빈민에 대한 인도주의적 서비스 제공
> ㄴ. 수혜자격의 축소
> ㄷ. 타인을 위하여 봉사하는 정신으로 실천

① ㄱ
② ㄴ
③ ㄱ, ㄷ
④ ㄴ, ㄷ
⑤ ㄱ, ㄴ, ㄷ

✱ 박문각 가채점 정답률 85.0%

해설 수혜자격 축소에 영향을 미친 것은 개인주의 이념이다.

■ 사회복지실천의 이념

인도(박애)주의	이타주의와 일맥상통 / COS, 인보관운동
사회진화론	COS의 핵심강령, 다윈의 진화론(적자생존이론)을 인간사회에 적용, 자유방임주의에 입각, 사회복지실천의 사회통제 기능에 영향
개인주의	빈곤의 개인 책임 중시(⇨ COS), 개인의 권리와 의무 강조, 개별화 중시, 수혜자격 축소에 영향
민주주의	빈곤의 사회적 책임 중시(⇨ 인보관운동), 클라이언트의 자기결정권에 영향, 서비스 제공자와 이용자 간 동등한 관계 강조, 받는 자 중심의 서비스로 전환
다원주의 (문화다양성)	다양한 가치와 관점들의 병립과 공존 인정, 다양한 계층과 문제·접근방식 수용에 영향, 역량강화 논의 활성화에도 영향

🔒 **정답** ③

02 사회복지사 윤리에 관한 설명으로 옳은 것을 모두 고른 것은? [제17회]

> ㄱ. 사회복지사는 원조과정에서 자신의 이익을 위해 행동해서는 안 됨
> ㄴ. 로웬버그와 돌고프의 윤리원칙 준거틀은 생명보호를 최우선으로 함
> ㄷ. 윤리강령은 윤리적 갈등이 생겼을 때 법적 제재의 근거를 제공함
> ㄹ. 사회복지사는 국가자격이므로 사회복지사 윤리강령은 국가가 채택함

① ㄱ, ㄴ   ② ㄱ, ㄷ
③ ㄱ, ㄴ, ㄷ   ④ ㄱ, ㄴ, ㄹ
⑤ ㄴ, ㄷ, ㄹ

해설 틀린 내용을 바로잡으면 다음과 같다.
ㄷ. 윤리강령은 **사회복지전문직의 행동기준과 원칙을 제시해 주지만, 법적 구속력을 가지지는 않는다.** 따라서 **법적 제재의 힘이 없다.** 다시 말해서 사회복지사 윤리강령이 **사회복지사를 실천오류(malpractice) 소송**으로부터 보호하는 기능을 할 수는 있으나, 법적 구속력을 가지고 법적으로 보호하지는 못한다.
ㄹ. 사회복지사는 국가자격이며, 사회복지사 윤리강령은 **한국사회복지사협회(이전 한국사회사업가협회)**가 만든다.
⇨ 1973년 한국사회사업가협회 총회에서 윤리강령 초안제정 결의 ⇨ **1982년 사회복지사 윤리강령 제정**

■ 로웬버그와 돌고프의 윤리원칙 준거틀(심사표)
• 윤리원칙1 : 생명보호의 원칙
• 윤리원칙2 : 평등과 불평등의 원칙
• 윤리원칙3 : 자율성과 자유의 원칙(자기결정 원칙 · 자치와 자유의 원칙)
• 윤리원칙4 : 최소 손실(해악)의 원칙(해의 최소화 원칙)
• 윤리원칙5 : 삶의 질의 원칙(생활의 질의 원칙)
• 윤리원칙6 : 사생활보호와 비밀보장의 원칙
• 윤리원칙7 : 진실성과 정보개방의 원칙(완전공개의 원칙 · 성실의 원칙)

정답 ①

03 사회복지실천의 역사적 발달과정을 발생한 순서대로 옳게 나열한 것은? [제23회]

> ㄱ. 기능주의 학파와 진단주의 학파의 갈등
> ㄴ. 밀포드(Milford) 회의에서 개별사회사업 방법론을 기본으로 하는 사회복지실천의 공통 요소 제시
> ㄷ. 사회복지실천에 관한 이론과 방법을 최초로 체계화한 「사회진단」 출간
> ㄹ. 사회복지실천 방법으로 통합적 방법론 등장

① ㄱ – ㄴ – ㄷ – ㄹ
② ㄴ – ㄱ – ㄹ – ㄷ
③ ㄴ – ㄷ – ㄹ – ㄱ
④ ㄷ – ㄱ – ㄴ – ㄹ
⑤ ㄷ – ㄴ – ㄱ – ㄹ

✱ 박문각 가채점 정답률 48.2%

해설 문제에서 제시하고 있는 내용들의 시기를 정리하면 다음과 같다.
ㄱ. 기능주의 학파와 진단주의 학파의 갈등 – **1930년대 이후**(1920년대 진단주의학파 설립, 진단주의를 비판하면서 1930년대 기능주의학파 설립)
ㄴ. 밀포드(Milford) 회의에서 개별사회사업 방법론을 기본으로 하는 사회복지실천의 공통 요소 제시 – **1929년**
ㄷ. 사회복지실천에 관한 이론과 방법을 최초로 체계화한 「사회진단」 출간 – **1917년**
ㄹ. 사회복지실천 방법으로 통합적 방법론 등장 – **1950년대 이후**

■ 사회복지실천의 역사적 발달과정(서구)

시기	핵심내용
빈민법~19세기 후반	비전문적 사회복지실천이 이루어진 시기
19세기 후반~1900년 전후	전문적 사회복지실천의 등장 – **자선조직협회(1869), 인보관운동(1884)**
1900년 전후~1920년 전후 사회복지실천의 전문화	• **사회복지전문직화** : 보수체계 확립 + 교육·훈련제도 실시 • 리치몬드(Richmond)의 '**사회진단(1917)**' : 최초로 사회복지실천 이론·방법 체계화, 실천과정 제시
1920년 전후~1950년 사회복지실천의 전문적 분화	• **밀포드회의(1929)**에서 개별사회사업방법론을 기본으로 하는 사회복지실천의 8개 공통영역 발표 • 개별사회사업, 집단사회사업, 지역사회조직으로 분화·발전
1950년 이후~1960년 사회복지실천의 부분통합	• 각 실천방법 간 공통 기반을 토대로 통합적인 이론 형성 • 1957년 펄먼(Perlman)의 문제해결모델 : 진단주의 입장에서 기능주의 요소 흡수, 개별사회사업(또는 사회복지실천)의 구성요소 4P 제시
1960년 이후~1980년 사회복지실천의 확대통합	• **대표적인 통합모델** : 4체계모델(Pincus & Minahan), 단일화모델(Goldstein), 문제해결과정모델(Compton & Galaway), 생활모델(Germain & Gitterman)
1980년 이후 개입전략의 확대	• 다중적 개입과 임파워먼트 • 일반사회복지실천과 전문사회복지실천

🔒 **정답** ⑤

04 우리나라 사회복지실천의 발달과정을 순서에 따라 나열한 것으로 옳은 것은? [제13회]

> ㄱ. 최초의 한국사회사업가협회가 탄생하였다.
> ㄴ. 대학에서 정규 사회복지 교육이 시작되었다.
> ㄷ. 사회복지전문요원제도가 시작되었다.
> ㄹ. 사회복지사 1급 국가시험이 시작되었다.

① ㄱ → ㄴ → ㄷ → ㄹ
② ㄱ → ㄴ → ㄹ → ㄷ
③ ㄴ → ㄱ → ㄷ → ㄹ
④ ㄴ → ㄱ → ㄹ → ㄷ
⑤ ㄴ → ㄷ → ㄱ → ㄹ

해설 순서대로 정리하면 다음과 같다.
ㄴ. 1947년 : 이화여대 기독교사회사업학과 개설 – 대학에서 정규 사회복지 교육 시작
ㄱ. 1967년 : 한국사회사업가협회 창립(이전 개별사회사업가협회, 현재의 한국사회복지사협회)
ㄷ. 1987년 : 5대 직할시에 사회복지전문요원(현재의 사회복지전담공무원) 제도 시작
ㄹ. 2003년 : 사회복지사 1급 국가시험 시작

■ **우리나라의 사회복지실천 발달과정 주요 내용**(※ 일부만 수록)

연도	내용
1921년	태화여자관(서울) 설립 – 최초의 사회복지관
1947년	이화여대 기독교사회사업학과 개설
1967년	한국사회복지사협회(당시 한국사회사업가협회) 창립
1970년	사회복지사업법 제정·시행, 사회복지사업종사자 자격제도 시행
1983년	사회복지사(1·2·3급) 자격제도 법제화(사회복지사업법 개정) ⇨ 사회복지사 3급 폐지(2017년 개정, 2019년 시행) ⇨ 전문사회복지사제도 도입(2018년 개정, 2020년 시행)
1987년	5대 직할시에 사회복지전담공무원(당시 사회복지전문요원) 최초 임용
1992년	재가복지봉사센터 전국적 설치·운영
1995년	정신보건법 제정(⇨ 1997년 정신보건사회복지사 배출) ⇨ 2016년 정신건강증진 및 정신질환자 복지서비스 지원에 관한 법률로 전부개정
1997년	사회복지시설 설치관련 허가제에서 신고제로 전환, 개인도 설치 가능, 시설 설치 방해 금지, 시설 평가제도 및 사회복지사 1급 국가시험 법제화(사회복지사업법 개정)
2003년	사회복지사 1급 국가시험 실시
2003년	지역사회복지협의체·지역사회복지계획 수립 법제화(사회복지사업법 개정)
2006년	주민생활지원서비스 전달체계 실시(⇨ 2007년 3단계 완성)
2010년	사회복지통합관리망(행복e음) 구축·운영
2012년	희망복지지원단 구성(시·군·구청에 설치)
2014년	사회보장급여의 이용·제공 및 수급권자 발굴에 관한 법률 제정(⇨ 2015년 시행) – 지역사회보장계획 수립, 시·도사회보장위원회, 지역사회보장협의체, 사회복지전담공무원 등 규정
2015년	기초생활보장제도 '맞춤형 급여' 체계 시행, 서울시 찾아가는 동주민센터 사업 실시
2016년	읍·면·동 복지허브화 사업 개시 ⇨ 2018년 모든 읍·면·동에 맞춤형 복지팀 설치
2019년	4개 광역자치단체에서 사회서비스원(지역사회 통합돌봄 등 사회서비스를 공공이 직접 제공하기 위해 설립한 기관) 시범사업 실시

정답 ③

사회복지실천현장 중 보건복지부가 주무부처인 시설은? [제15회]

① 청소년쉼터
② 자립지원시설
③ 청소년상담복지센터
④ 다문화가족지원센터
⑤ 건강가정지원센터

해설) 자립지원시설은 아동복지법상 아동복지시설이며, **아동복지법의 주무부처는 보건복지부**이다. 정답을 제외한 **나머지 시설들은 모두 여성가족부**가 주무부처인 시설들이다. 주무부처를 판단하는 것은 정부조직법에 규정되어 있는 사항을 확인해 보면 어렵지 않게 판단할 수 있다.

■ 사회복지 관련 주요 부처 관장사무(정부조직법)

교육부	교육부장관은 인적자원개발정책, **영·유아 보육**·교육, 학교교육·평생교육, 학술에 관한 사무를 관장한다.
법무부	법무부장관은 검찰·행형·인권옹호·출입국관리 그 밖에 법무에 관한 사무를 관장한다.
행정안전부	행정안전부장관은 국무회의의 서무, 법령 및 조약의 공포, 정부조직과 정원, 상훈, 정부혁신, 행정능률, 전자정부, 정부청사의 관리, 지방자치제도, 지방자치단체의 사무지원·재정·세제, 낙후지역 등 지원, 지방자치단체간 분쟁조정, 선거·국민투표의 지원, 안전 및 재난에 관한 정책의 수립·총괄·조정, 비상대비, 민방위 및 방재에 관한 사무를 관장한다.
보건복지부	보건복지부장관은 **생활보호·자활지원·사회보장·아동(영·유아 보육은 제외한다)·노인·장애인·보건위생·의정 및 약정**에 관한 사무를 관장한다.
고용노동부	고용노동부장관은 고용정책의 총괄, **고용보험**, **직업**능력개발훈련, 근로조건의 기준, **근로자**의 복지후생, 노사관계의 조정, 산업안전보건, **산업재해보상보험**과 그 밖에 고용과 노동에 관한 사무를 관장한다.
여성가족부	여성가족부장관은 **여성**정책의 기획·종합, 여성의 권익증진 등 지위향상, **청소년** 및 **가족(다문화가족과 건강가정사업**을 위한 아동업무를 포함한다)에 관한 사무를 관장한다.
국토교통부	국토교통부장관은 국토종합계획의 수립·조정, 국토의 보전·이용 및 개발, 도시·도로 및 주택의 건설, 해안 및 간척, 육운·철도 및 항공에 관한 사무를 관장한다.

정답 ②

06 다음 사례에서 사회복지사가 수행한 개입역할로 모두 옳은 것은? [제13회]

> 가족에 의해 강제 입소되었던 장애인이 거주시설에서 퇴소하기를 요청함에 따라 (ㄱ) 퇴소상담을 실시하였다. 이후 가족들을 설득하여 (ㄴ) 지역사회 내 다양한 주거 관련정보를 안내하고, (ㄷ) 공동생활가정에 입주할 수 있도록 연계하였다.

① ㄱ: 조력자, ㄴ: 중재자, ㄷ: 교 사
② ㄱ: 중개자, ㄴ: 중재자, ㄷ: 계획가
③ ㄱ: 조력자, ㄴ: 교 사, ㄷ: 중개자
④ ㄱ: 중개자, ㄴ: 옹호자, ㄷ: 계획가
⑤ ㄱ: 교 사, ㄴ: 옹호자, ㄷ: 조력자

해설 강제입소된 장애인의 요청에 따라 퇴소상담을 실시하였다는 것은 클라이언트의 욕구를 규명하고 해결방안을 탐색하기 위한 개입이므로 **조력자로서의 역할**을 수행한 것이고, 이후 가족들을 설득해서 지역사회 내 다양한 주거 관련 정보를 안내한 것은 클라이언트에게 유용한 정보를 제공한 것이므로 **교사로서의 역할**을 수행한 것이다. 그리고 공동생활가정에 입주할 수 있도록 연계하였다는 것은 클라이언트에게 필요한 자원 또는 서비스를 연결해 준 것이므로 **중개자로서의 역할**을 수행한 것이다.

■ 사회복지사의 주요 역할

역할	내용
조력자 (enabler)	• **조성자, 능력부여자** 또는 **가능케 하는 자**라고도 함 • 클라이언트와의 **상담**을 통해 그가 자신의 **욕구와 문제를 명확히 규명**할 수 있도록 돕고, 그에 대한 해결방안을 탐색하고 전략을 선택할 수 있도록 원조하며, 보다 효과적인 문제해결능력을 개발하고 향상시키도록 돕는 역할
중개자 (broker)	• **연계자**라고도 함(사례관리의 핵심적 역할) • 클라이언트에게 **적합한 자원과 서비스를 파악하고 연결하는 역할**
옹호자 (advocate)	• **대변자**라고도 함 • 사회적·경제적 약자의 입장에 있거나 부당하게 피해를 입은 클라이언트의 의견을 대변하고 권리를 보호하는 활동 • 클라이언트가 서비스 받을 권리를 유지하도록 돕고, 필요할 경우 **시민운동** 등을 통해 **정치적 과정(정책 변화)에 영향**을 주기도 함
교사 (teacher)	• **교육자(educator)**라고도 함 • 클라이언트에게 유용한 지식과 정보를 제공하고 그가 생활에 잘 적응할 수 있는 수완들을 가르치는 역할
중재자 (mediator)	• **조정자**라고도 함(※ coordinator로서의 조정자와 혼동 유의) • 서로 다른 의견이나 가치를 가진 개인들 간 또는 집단이나 조직 간의 갈등을 중립적 입장에서 조정하는 역할
조정자 (coordinator)	• 조직화된 방식으로 구성원들을 함께 묶는 것으로, **여러 기관에서 제공되는 분산된 서비스들을 조직적인 형태로 정리하는 역할** • 서비스의 누락(단절)이나 중복, 상호 간의 마찰을 피하기 위한 역할로, 보다 효율적인 서비스 제공에 기여할 수 있음
협상가 (negotiator)	• 하나 혹은 그 이상의 **갈등적 문제를 가진 사람들이 서로 화해하고 수용하며 의견의 일치를 이루어내도록 돕는 역할** • 중립적인 입장에 머물지 않고, 의견을 가지고 적극적으로 개입
촉진자 (facilitator)	• 기관이나 조직의 기능이나 **상호작용**, 직원들 간의 협조나 지시, **정보교환을 활성화**시키며 기관·조직·직원 간의 **연결망을 강화**시키는 역할

정답 ③

사회체계의 주요 개념으로 옳지 않은 것은? [제12회]

① 시너지는 체계 내에 유용한 에너지가 증가하는 것이다.
② 경계는 모든 사회체계에서 볼 수 있는 사회적 구조를 말한다.
③ 엔트로피는 체계 내에서 질서, 형태, 분화가 있는 상태를 의미한다.
④ 항상성은 시스템이 지속적으로 안정적 균형을 유지하려는 경향이다.
⑤ 균형은 외부환경으로부터 새로운 에너지의 투입 없이 현상을 유지하려는 속성이다.

해설 엔트로피(entropy)는 체계 구성요소들 간의 **상호작용이 감소함에 따라 유용한 에너지가 감소하는 상태**를 말한다. 즉, **체계 내에 질서, 형태, 분화가 없는 무질서한 상태로서 폐쇄체계의 특징과 관련**되어 있다. 엔트로피는 한 마디로 말해 **체계가 서서히 무질서와 혼돈의 상태를 향해 나아가는 것** 또는 **체계 내에 유용하지 않은 에너지의 정도**를 나타낸다. 그러나 실제로 완전한 폐쇄체계가 존재하지 않듯이 완전한 엔트로피 상태는 존재하지 않는다.

■ **사회체계이론의 주요 개념**

체계	• 상호의존적이고 상호작용하는 부분들로 구성된 전체 • 서로 관련을 맺고 상호작용하는 요소들의 집합
경계	• 체계를 외부환경과 구분해주는 일종의 테두리 • 체계의 정체성(독특성) 유지 및 에너지 교환 통제
대상체계 상위체계 하위체계	• 대상체계 : 분석의 대상이 되는 체계 • 상위체계 : 대상체계의 외부에 있는 체계 • 하위체계 : 대상체계의 내부에 있는 체계
균형 항상성 안정상태	• 균형 : 폐쇄체계 ⇨ 체계의 현상을 유지하려는 경향 • 항상성 : 개방체계 ⇨ 체계의 현상(일관성) 유지 또는 불균형 발생 시 균형을 회복하려는 경향 (역동적 균형) • 안정상태 : 개방체계 ⇨ 환경에 적응하기 위한 체계의 구조변화, 체계가 붕괴되지 않도록 계속적으로 에너지 사용, 긴장이나 갈등을 건전한 자극으로 간주
엔트로피 넥엔트로피 시너지	• 엔트로피 : 폐쇄체계(상호작용 감소) ⇨ 체계 내 유용한 에너지 감소 • 넥엔트로피 : 개방체계(상호작용 증가) ⇨ 체계 내 유용하지 않은 에너지 감소 • 시너지 : 개방체계(상호작용 증가) ⇨ 체계 내 유용한 에너지 증가

🔒 정답 ③

08 비스텍(F. Biestek)의 관계원칙에 관한 내용으로 옳은 것을 모두 고른 것은? [제23회]

ㄱ. 수용 : 클라이언트를 있는 그대로 인정해야 한다.
ㄴ. 비심판적 태도 : 클라이언트를 비난하지 않아야 한다.
ㄷ. 통제된 정서적 관여 : 클라이언트가 자신의 감정을 자유롭게 표현하도록 해야 한다.
ㄹ. 개별화 : 클라이언트의 감정에 민감성과 이해로서 반응해야 한다.

① ㄹ
② ㄱ, ㄴ
③ ㄴ, ㄷ
④ ㄱ, ㄷ, ㄹ
⑤ ㄱ, ㄴ, ㄷ, ㄹ

* 박문각 가채점 정답률 80.6%

해설 틀린 내용을 바로잡으면 다음과 같다.
ㄷ. 클라이언트가 자신의 감정을 자유롭게 표현하도록 해야 하는 것은 **의도적 감정표현의 원칙**이다.
ㄹ. 클라이언트의 감정에 민감성과 이해로서 반응해야 하는 것은 **통제된 정서적 관여의 원칙**이다.

■ 관계론의 7대 원칙(Biestek)

클라이언트의 욕구	원칙	주요 내용
개인으로, 즉 한 명의 인간으로 처우 받고 싶은 욕구	개별화	• 클라이언트의 독특한 자질 이해 ⇨ 개별적 차이를 지닌 특정한 인간으로 처우, 상이한 원리나 방법 활용
자신의 감정을 표현하고 싶은 욕구	의도적 감정표현	• 부정적인 감정을 자유롭게 표현하고 싶어 하는 클라이언트의 욕구 인식 ⇨ 경청, 자극과 격려
문제 또는 표현된 감정에 대해 공감적 이해와 반응을 얻고 싶은 욕구	통제된 정서적 관여	• 민감성 ⇨ 이해 ⇨ 반응(관계의 목적, 클라이언트의 욕구, 상황 등에 따라 통제되고 조절되어야 함)
가치 있는 인간으로 인정받고 싶은 욕구	수용	• 장점이든 단점이든 클라이언트의 있는 그대로를 이해하고 다룸(잘못된 행동의 인정·허용·동의×) • 수용의 대상은 참된 것(선한 것×)
자신의 처지와 곤란에 대해 심판이나 비난을 받고 싶어하지 않는 욕구	비심판적 태도	• 클라이언트의 잘못 유무, 책임 정도 등에 대하여 객관적·평가적 판단은 하되 언급은 배제
자신의 생활에 관해 스스로 결정하고 싶은 욕구	자기결정	• 자신의 삶에 대해 스스로 결정하고자 하는 클라이언트의 권리와 욕구 인식 • 한계 : 클라이언트의 신체적·정신적 능력의 한계, 법률(도덕률)·기관의 기능에 의한 제한
자신에 관한 비밀을 지켜주기를 바라는 욕구	비밀보장	• 비밀정보의 보호(절대적 권리는 아님) • 한계 : 클라이언트 자신의 내부적 갈등, 타인·사회복지사·사회복지기관·사회전체의 권리와의 충돌

정답 ②

사회복지실천 개입기술에 관한 설명으로 옳은 것을 모두 고른 것은? [제21회]

> ㄱ. 재보증은 어떤 문제에 대해 클라이언트가 부여하는 의미를 수정해 줌으로써 클라이언트의 시각을 긍정적인 방향으로 변화시키려는 전략이다.
> ㄴ. 모델링은 실제 다른 사람의 행동을 직접 관찰함으로써만 시행 가능하다.
> ㄷ. 격려기법은 주로 클라이언트 행동이 변화에 장애가 되거나 타인에게 위협이 될 때, 이를 인식하도록 하기 위한 목적으로 사용한다.
> ㄹ. 일반화란 클라이언트 혼자만이 겪는 문제가 아니라는 것을 인식하게 하는 기법이다.

① ㄱ
② ㄹ
③ ㄱ, ㄹ
④ ㄱ, ㄴ, ㄷ
⑤ ㄴ, ㄷ, ㄹ

해설 틀린 내용을 바로잡으면 다음과 같다.
ㄱ. 어떤 문제에 대해 클라이언트가 부여하는 의미를 수정해 줌으로써 클라이언트의 시각을 긍정적인 방향으로 변화시키려는 전략은 **재명명(재구성)**이다. 한편 **재보증**은 **자신의 능력이나 자질, 상황에 대해 회의하고 있는 클라이언트에게 사회복지사가 신뢰를 표현함으로써 클라이언트의 자신감을 향상시키는 기법**이다.
ㄴ. 모델링은 다른 사람의 행동을 직접 관찰함으로써 시행 가능할 수도 있지만, **대리경험 또는 간접경험에 의해서도 가능**하다.
ㄷ. 주로 클라이언트 행동이 변화에 장애가 되거나 타인에게 위협이 될 때, 이를 인식하도록 하기 위한 목적으로 사용하는 것은 **직면기법**이다. 한편 **격려기법**은 **클라이언트의 행동, 태도, 감정을 칭찬하거나 인정해 주는 언어적 표현방식**으로 이루어진다. 이 기법은 특히 자신들의 문제를 해결할 수 있는 **능력과 자질, 지식 등을 보유하고 있는 클라이언트에게 그들의 문제해결능력과 동기를 최대화시키는 방법으로 매우 효과적**이다.

■ 상기 문제 및 해설 외의 주요 면접기술

경청	클라이언트의 말을 이해하고 파악해가면서 듣는 것
공감 (감정이입)	클라이언트의 입장에서 그가 느끼는 감정, 의미 등을 주의 깊게 파악·이해하고 그러한 상태를 클라이언트에게 적절히 전달하는 능력
질문	폐쇄형: 구체적(정확한) 정보 또는 대화의 초점이 필요할 때
	개방형: 클라이언트의 생각과 느낌 등 다양한(폭넓은) 정보가 필요할 때
요약	클라이언트가 한 말의 내용과 의미를 전체적으로 묶어 정리하는 것. 양자 간 대화 중 주제를 전환하기 위한 목적으로도 유용함
해석	클라이언트가 자신의 문제를 잘 알고 이해할 수 있도록 사회복지사의 지식과 경험, 직관력(통찰력)에 근거하여 설명하는 것
명료화	클라이언트의 메시지가 추상적이고 모호할 때 이를 구체화하기 위한 기법
초점제공(초점화)	클라이언트의 산만한 사고와 감정 정리 ⇨ 중심을 잡고 유지 ⇨ 불필요한 시간의 낭비 방지
환기법	클라이언트가 자신의 감정을 표출하도록 하는 기법(정화법)
바꾸어 말하기	클라이언트가 말한 내용을 그 뜻에 맞춰 비슷한 단어를 사용하여 다시 말해 주는 기법

정답 ②

10 실천과정에서 사회복지사가 수행해야 할 과제에 관한 내용으로 옳지 않은 것은? [제14회]

① 사정단계 : 클라이언트의 자원과 능력 평가
② 계획단계 : 개입의 장단기 목표 합의
③ 접수단계 : 목표의 우선순위 결정
④ 자료수집단계 : 문제를 이해하기 위한 정보수집
⑤ 종결단계 : 변화된 결과 확인

해설 사회복지실천을 위한 과정 중 **목표의 우선순위를 결정하는 것은 계획수립단계에서 수행**해야 할 과제이다. 계획수립단계는 크게 **표적문제 선정(문제의 우선순위 결정) ⇨ 개입목표 설정(목표의 우선순위 결정) ⇨ 계약**의 과정으로 이루어진다.

핵심정리 사회복지실천과정

접수	의의	문제와 욕구 확인 ⇨ 기관의 정책과 서비스에 부합되는지의 여부 판단(⇨ 접수 or 타 기관 의뢰)
	과제	• 클라이언트의 문제(욕구) 확인 • 문제 확인에 따라 접수 또는 의뢰 결정 • 사회복지사와 클라이언트 간의 원조관계 형성(※ 라포 형성) • 클라이언트의 동기화 • 클라이언트의 저항감과 양가감정 해소
자료수집 및 사정	의의	사실적 정보를 수집하여(자료수집) 이를 해석하고 의미 부여(사정)
	주요 정보원	클라이언트의 말과 비언어적 행동, 클라이언트가 작성한 양식, 심리검사 결과, 클라이언트의 중요한 타인으로부터 수집한 정보, 중요한 사람과의 상호작용 및 가정방문, 직접 상호작용하면서 느끼는 사회복지사의 감정 등
	사정의 기본도구	• 가계도 : 2~3세대 이상 가족 성원과 관계 • 생태도 : 개인 또는 가족과 환경체계 간의 관계 • 사회도(소시오그램) : 집단 내 성원들 간 관계 및 상호작용 • 생활력 : 클라이언트의 생애 동안 발생한 사건이나 문제의 발전과정 • 사회적 지지망(관계망), 가족생활주기 등
계획수립 (목표설정 및 계약)	의의	• 개입을 위한 목표를 설정하고 계약을 하는 과정 • 클라이언트의 자기결정권 보장 & 상호 합의
	과정	표적문제 선정(문제의 우선순위 결정) ⇨ 개입목표 설정(목표의 우선순위 결정) ⇨ 계약(과업의 구체화)
개입		계획의 실행을 통해 변화를 일으키는 과정, 실질적인 원조과정
종결 및 평가	종결단계의 과제	종결시점의 결정, 정서적 반응 해소, 목표달성 평가, 변화 유지, (필요할 경우) 의뢰, 사후관리(follow-up) 계획수립 등
	평가의 종류	평가내용(또는 시점·목적)에 따라 : **형성**평가(개발하거나 진행 중인 프로그램 개선 목적), **총괄**평가(종결 후 전체적 의사결정을 위한 평가)

정답 ③

사례관리 등장 배경에 관한 설명으로 옳지 않은 것은? [제21회]

① 탈시설화로 인해 많은 정신 장애인이 지역사회 내에서 생활하게 되었다.
② 지역사회 내 서비스 간 조정이 필요하게 되었다.
③ 복지비용 절감에 관심이 커지면서 저비용 고효율을 지향하게 되었다.
④ 인구·사회적 변화에 따라 다양하고, 복합적이며 만성적인 욕구를 가진 클라이언트가 증가하였다.
⑤ 사회복지서비스 공급주체가 지방정부에서 중앙정부로 변화하였다.

해설 사회복지서비스 공급주체가 지방정부에서 중앙정부로 변화되었기 때문에 아니라, 서비스의 공급주체가 다원화되고, 서비스가 지방분권화되었기 때문에 사례관리가 필요하게 된 것이다.

- **사례관리의 등장배경**
  1) 사회인구학적 변화
  2) 다양하고 복합적인 욕구와 문제를 가진 클라이언트의 증가
  3) 복지국가의 재정적 위기
  4) 서비스 비용의 억제
  5) 탈시설화(지역사회보호의 필요성 증가)
  6) 클라이언트와 그 가족에게 부과되는 과도한 책임
  7) 사회적(비공식적) 지지체계의 중요성에 대한 인식
  8) 복잡하고 분산된 서비스 체계(= 통합적이지 못한 서비스 체계)
  9) 서비스의 지방분권화 및 서비스 공급주체의 다원화(서비스 공급의 탈중앙화) 등

정답 ⑤

12 사례관리에 관한 설명으로 옳지 않은 것은? [제17회]

① 통합적 방법을 활용한다.
② 직접 서비스와 간접 서비스를 결합한 것이다.
③ 포괄적이고 지속적인 서비스를 제공하는 것이다.
④ 전통적인 사회복지방법론과 전혀 다른 실천방법이다.
⑤ 기관의 범위를 넘은 지역사회 차원의 서비스 제공과 점검을 강조한다.

해설 사례관리는 **전통적인 사회복지방법론과 전혀 다른 실천방법이 아니라 통합적 방법을 활용하는 모델**이다. 즉, 사례관리는 만성적이고 복합적인 욕구와 문제를 가진 클라이언트를 위해 **직접적 서비스와 간접적 서비스(또는 지역사회실천에서의 서비스)를 결합한 것이다. 지역사회를 기반으로 공식적·비공식적 자원을 동원하고 다양한 서비스들을 조정함으로써 클라이언트의 장기적·복합적 욕구를 사정하고 이에 개입**한다. 다시 말해서 사례관리는 **장기적 보호를 필요로 하는 클라이언트를 지역사회에서 비용 효율적으로 관리하기 위해 고안된 사회복지실천방법**이다. 따라서 클라이언트의 욕구전반을 적절하게 충족시키는 사례관리야말로 진정한 의미의 **일반 사회복지실천**이라고 할 수 있다.

핵심정리 사례관리의 목적과 특성

목적	• 지속적인 서비스 제공 • 비용의 효과성 증진 • 접근성과 책임성 증진 • 일차집단의 보호능력 향상 • 클라이언트의 사회적 기능 향상
특징	• 다양하고 복합적이며 만성적인 욕구를 가진 클라이언트 • 문제해결과 치료보다는 욕구충족과 보호에 더 중점 • 클라이언트의 사회적 기능과 독립 극대화를 위해 보호의 연속성과 책임성 보장 • 서비스의 효과성·효율성 향상을 위해 포괄적 서비스 제공, 조정과 점검 실시 • 클라이언트와 사회환경 간의 상호작용에 관심 • 다양한 지원체계의 광범위한 서비스 활용 • 아웃리치, 안내 및 의뢰 등과 적극적 접근 강조 • 클라이언트 수준에서 클라이언트 각자의 욕구 개별화 • 클라이언트의 참여와 자기결정 촉진 • 개별실천기술과 지역사회실천기술 통합

정답 ④

REGION 02 사회복지실천기술론

어대훈 Human-Welfare 사회복지사 1급

01 문제해결모델(problem-solving model)에 대한 설명으로 옳은 것은? [어쌤 출제]

① 사회복지사는 클라이언트를 문제해결능력이 부족한 자로 보고 잠재능력의 향상을 도모한다.
② 진단주의의 영향을 받아 과거의 경험을 중시한다.
③ 변화에 대한 동기나 의지가 약한 클라이언트에게 적합하다.
④ 비합리적 신념을 합리적으로 변화시키는 것이 주된 목적이다.
⑤ 문제, 사회, 장소, 과정이라는 사회복지실천의 구성요소를 제시하고 있다.

해설 틀린 내용을 바로잡으면 다음과 같다.
② 기본적으로 진단주의의 입장에서 기능주의 요소를 흡수하면서 **현재의 경험**을 중요시하게 되었다.
③ 변화에 대한 동기나 의지가 약한 클라이언트에게는 **적합하지 않다**.
④ 비합리적 신념을 합리적으로 변화시키는 것을 주된 목적으로 하는 것은 **엘리스(Ellis)의 합리정서행동치료**에 관한 기술이다.
⑤ 문제, **사람**, 장소(기관), 과정이라는 사회복지실천의 구성요소를 제시하고 있다.
　📝 문·사·장·과 또는 사·과·문·장

핵심정리 진단주의, 기능주의, 문제해결모델

진단주의	기능주의
• 프로이트 ⇨ 리치몬드 • **과거의 경험** 중시 / 원조보다 치료 개념 중시 • **클라이언트** : 치료(원조)의 **대상**(의료모델) • 클라이언트의 참여 배제, 사회복지사의 원조(치료)에 의한 클라이언트의 변화, 치료 중심적	• 랭크 ⇨ 태프트, 로빈슨, 스몰리 • **현재의 경험** 중시 / 치료보다 원조 개념 중시 • **클라이언트** : 치료(원조)의 **주체** • 클라이언트의 참여 중시, 클라이언트의 의지에 따른 자아의 힘에 의해 문제해결

문제해결모델	• 펄먼(1957) : 진단주의 입장에서 기능주의 요소 흡수·절충, **클라이언트를 문제해결의 주체**로 인식, 클라이언트를 **문제해결능력이 부족한 자로 보고 능력 향상 도모**, **현재**의 경험 중시, 사회복지실천(개별사회사업)의 구성요소 제시 • 4P(1957) : **문제**(Problem), **사람**(Person), **장소**(기관, Place), **과정**(Process) + 추가 2P(1986) : **제공물**(Provision), **전문가**(Professional) 📝 **문·사·장**(은)·**과·제·전문가** • 콤튼과 갤러웨이(1970년대~) : 펄먼의 문제해결모델에 생태체계적 관점 통합

🔒 정답 ①

02 다음 사례에서 활용한 심리사회모델의 개입기법은? [제21회]

> "지금까지의 방법이 효과적이지 않다면 다른 방법을 시도해 보면 어떨까요? 제 생각에는 지금 쯤 변화가 필요하니 가족상담에 참여해 보시면 어떨까 합니다."

① 지지하기
② 직접적 영향주기
③ 탐색-기술-환기
④ 인간-환경에 관한 고찰
⑤ 유형-역동성 고찰

해설 심리사회모델의 개입기법 중 **직접적 영향주기**는 사회복지사가 클라이언트에게 제안이나 조언 등을 통해 **의사를 관철하기 위한 과정**으로, 클라이언트의 사회생활기능에 장애가 되고 있는 요인을 **제거**하는 것을 목표로 한다(**지시적 기법**이라고도 함).

■ **심리사회모델의 개입기법(Hollis)**
1) **직접적 개입기법** – 심리사회적으로 직접 **유 · 인**하라는 **지 · 시! 기 · 발**하네!
 ① **지지** : 관심과 흥미를 수반하는 경청, 수용, 격려, 재보증, 신뢰감의 표현, 선물주기, 안도감 주기 등
 ② **직접적 영향(또는 지시)** : 의견 제시(제안), 클라이언트가 이미 하고 있는 생각의 강조, 강력한 주장, 직접적인 조언, 가능한 행동 시사(현실적인 제한 설정), 대변적 행동, 직접적 개입 등
 ③ **탐색 – 기술(묘사) – 환기**(또는 정화법)
 ④ **유형 – 역동에 대한 고찰** : 클라이언트의 성격 혹은 행동의 유형과 이드, 자아, 초자아의 심리내적 역동에 대한 고찰
 ⑤ **발달적 고찰(또는 발달과정의 반영적 고찰)** : 성인기 이전의 생애경험과 이런 경험이 현재 기능에 미치는 영향에 대한 고찰
 ⑥ **인간 – 상황에 대한 고찰** : 현재 혹은 최근 사건에 대한 고찰로서 클라이언트의 외부환경과 관련
2) **간접적 개입기법** : 환경조정(클라이언트를 둘러싼 인적 · 물적 환경에 관계하여 문제를 해결하고자 하는 것)

정답 ②

03 인지행동모델에 관한 설명으로 옳지 않은 것은? [제15회]

① 인간행동은 의지에 의해 결정된다.
② 인간행동은 전 생애에 걸쳐 학습된다.
③ 주관적인 경험의 독특성을 인정하지 않는다.
④ 구조화된 접근을 강조한다.
⑤ 지적 능력을 가진 클라이언트에게 적용이 보다 용이하다.

해설 인지행동모델은 **주관적인 경험의 독특성을 인정**한다. 인지적 변화를 통해 행동적 변화를 도모할 수 있다고 가정하는 인지행동모델은 **클라이언트의 주관적 경험과 책임을 중요하게 여기며, 개인과 환경 모두에 초점을 두면서 문제에 접근할 수 있는 이론적 틀을 제시**한다. 인지행동모델은 하나의 실천모델이 아니라 **여러 모델들을 총칭**하는 용어로, 1960년대 이후 다양한 인지행동모델들이 등장하여 사회복지실천에 적극적으로 활용되어 오고 있으며, 대표적인 이론으로 Ellis의 **합리정서행동치료**, Beck의 **인지치료**, D'Zurilla와 Goldfried의 **문제해결치료** 등이 있다.

■ 인지행동모델의 일반적 개입원칙
1) 클라이언트의 문제를 인지적 용어로서 공식화하고 이를 기초로 이루어진다.
2) 건강한 치료관계를 필요로 한다.
3) 상호 협의와 클라이언트의 적극적인 참여를 강조한다.
4) **목표지향적**이고 **문제중심적**인 치료이다.
5) 지금 여기서의 상황(즉, **현재상황**)을 강조한다.
6) **교육적**이고 클라이언트 자신이 스스로 치료자가 될 수 있도록 교육하는 것을 목표로 하며, 재발방지를 강조한다. ⇨ 대체 사고와 행동을 학습하는 **교육적 접근 강조**
7) **단기적**이고 **시간제한적**인 치료를 목표로 한다.
8) **구조화된 접근**을 강조한다.
9) 환자들이 자신의 역기능적인 사고와 믿음을 식별하고 평가하며 반응하도록 가르친다.
   ⇨ 특정 상황에서 떠오르는 생각을 점검하기 위해 행동기록일지 작성
10) 사고, 기분, 행동을 변화시키기 위하여 다양한 기법을 사용한다.

정답 ③

04 과제중심모델에 관한 설명으로 옳지 않은 것은? [제14회]

① 클라이언트의 자기결정권을 존중한다.
② 계약 내용에 사회복지사의 과제를 포함한다.
③ 클라이언트와 사회복지사와의 관계는 협력적 관계이다.
④ 단기치료의 기본원리를 강조한 비구조화된 접근이다.
⑤ 클라이언트의 문제의식을 반영하여 표적문제를 설정한다.

해설 과제중심모델은 단기치료의 기본원리를 강조한 **구조화된 접근**이다.

■ **과제중심모델(과업중심모델)의 특성**
1) **단기개입** : 과제중심 접근은 약 2~3개월 동안 8회기에서 12회기 전후로 이루어지며, 이것은 대부분의 클라이언트들이 8회 이내에 상당한 개입효과를 나타낸다는 메타분석결과에 근거를 둔다.
2) **구조화된 접근** : 다른 어떤 모델보다도 구조화되어 있다. 모두 다섯 단계로 이루어지며, 각 단계에서 사회복지사와 클라이언트가 다루어야 하는 구체적인 내용들이 자세하게 제시된다.
3) **클라이언트의 자기결정권에 대한 강조** : 이 모델에서는 단순히 윤리적인 차원이 아니라, 클라이언트의 자기결정권을 실제로 적용할 수 있는 구체적인 실천방법을 제시한다. 먼저, 표적문제를 규명함에 있어 클라이언트의 견해를 우선적으로 반영하며, 개입방향에 대해 클라이언트와 사회복지사가 계약함으로써 개입과정을 클라이언트에게 명확히 제시해 주고, 클라이언트는 과제를 설정하고 실행, 평가하는 문제해결작업에서 주체자의 역할을 수행한다.
4) **클라이언트의 환경에 대한 개입의 강조** : 이 모델에서 대부분의 클라이언트 문제는 자원의 부족 혹은 기술의 부족과 연관되는 것으로 이해되기 때문에 문제와 관련된 자원에 대해 탐색하고 이를 활성화하기 위한 방안을 개입의 모든 과정에서 강조한다.
5) **개입(실천)의 책무성에 대한 강조** : 모델을 개발하기 위한 목적 자체가 실천의 책무성을 증진하기 위한 것이었으므로, 모델의 거의 모든 요소들이 이런 목적과 연관된다. 개입의 과정을 객관적으로 기록하고, 진보 상황을 회기마다 모니터하며, 개입과정과 사회복지사의 실천에 대한 클라이언트와 사회복지사 자신의 평가 등을 중요하게 여긴다.

핵심정리 과제중심모델

- 리드, 엡스타인, 샤인, 스텃 등에 의해 소개(1972)
  - 문제해결모델, 행동주의이론, 과업에 대한 개념(스텃) 접목
  - 클라이언트가 자신에게 주어진 행동적 과업을 통해 스스로 문제를 해결할 수 있도록 돕는 실천방법
  - 신속한 초기사정, 현재에의 집중, 초점된 면접, 제한된 목표에 기초하여 시간제한적·단기적 성격의 구조화된 접근과 개입 강조 ⇨ 단기치료의 우수성 입증
- 과제 : 일반적 과제(방향 제시), 조작적 과제(구체적 행동)
- 특성 : **단**기개입(약 8~12주), **구**조화된 접근, 클라이언트의 자기**결**정권 및 환**경**에 대한 개입 강조, 개입(실천)의 **책**무성에 대한 강조 📝 **책·구·경·결·단**
- 개입과정 : 시작 ⇨ 표적문제 규명 ⇨ 계약 ⇨ 실행 ⇨ 종결

정답 ④

콤튼과 갤러웨이(B. Compton & B. Galaway)의 6체계에 관한 설명으로 옳지 않은 것은?

① 표적체계 : 목표달성을 위해 변화가 필요한 체계   [제17회, 사회복지실천론에 출제]
② 클라이언트체계 : 서비스나 도움을 필요로 하는 체계
③ 변화매개체계 : 목표달성을 위해 사회복지사가 상호작용하는 체계
④ 전문가체계 : 변화매개체계에 영향을 미치는 교육체계나 전문가단체
⑤ 의뢰-응답체계 : 서비스를 요청한 체계와 그러한 요청으로 서비스기관에 오게 된 체계

해설 변화매개체계는 계획된 변화를 향해 체계들과의 활동을 계획하는 사람으로서 주로 사회복지사들이 그 주체가 되며, 또한 그 사회복지사를 고용하고 있는 기관이나 조직도 변화매개체계가 될 수 있다. 한편 **목표달성을 위해 사회복지사가 상호작용하는 체계는 행동체계**이다. 행동체계는 주로 **사회복지사가 변화 노력을 달성하기 위하여 서로 상호작용하는 사람들**, 즉 클라이언트에게 도움을 주는 변화를 가져오기 위해 사회복지사와 함께 상호작용하는 이웃, 가족, 친척, 친구, 전문가 등을 말한다.

■ 핀커스와 미나한(Pincus & Minahan)의 4체계   변·C(의)·행·표

변화매개체계	사회복지사(사회복지사를 고용하고 있는 기관)
클라이언트체계	도움을 받으면서 변화매개체계와 협력하는 개인, 가족, 집단, 지역사회
표적체계	목표를 이루기 위해 변화가 필요한 대상
행동체계	클라이언트에게 도움을 주는 변화를 가져오기 위해 사회복지사와 협력하는 이웃, 가족, 친척, 친구, 전문가 등

■ 콤튼과 갤러웨이(Compton & Galaway)의 6체계

전문(가)체계	사회복지사협회와 같은 전문가 단체, 전문가를 육성하는 교육단체, 전문가 실천의 가치와 문화 등
의뢰-응답체계	클라이언트가 타인의 요청이나 검찰, 법원 등의 명령에 의해 의뢰된 경우 클라이언트체계와 구별하기 위해 사용

정답 ③

06 병리관점과 비교한 강점관점의 특징으로 옳은 것은? [제17회]

① 클라이언트의 문제에 초점을 둠
② 사회복지사는 클라이언트 삶의 전문가임
③ 변화를 위한 자원은 전문가의 지식과 기술임
④ 실천의 초점을 과거에서 현재와 미래로 전환함
⑤ 강점은 용기와 낙관주의 같은 개인 내적인 요소로 한정함

해설 임파워먼트모델은 클라이언트를 병리관점(문제중심)으로 보지 않고 강점관점으로 본다. 따라서 **과거의 원인규명에 초점을 둔 프로이트와 달리 실천의 초점을 현재와 미래로 전환**하고, 클라이언트의 문제나 결핍보다는 그가 활용할 수 있는 **내적·외적 자원을 더욱 강조**하며, **클라이언트가 처한 문제는 성장을 위한 기회**로 재개념화된다. 정답을 제외한 나머지 내용들 중 ①, ②, ③의 내용은 병리관점의 특징에 관한 설명이다. 한편 ⑤의 경우 강점관점에서의 강점은 클라이언트 **개인 내적인 요소뿐만 아니라 외적인 자원들도 모두 포함**한다.

비교정리 병리관점과 강점관점(Saleebey)

병리(pathology)관점	강점(strength)관점
개인을 '사례', 즉 진단에 따른 증상을 가진 자로 규정한다. ⇨ 클라이언트는 **개입의 객체**	개인을 강점, 기질, 재능, 자원을 가진 독특한 존재로 규정한다. ⇨ 클라이언트는 **개입의 주체**
개입(치료)의 초점을 문제나 병리에 둔다(의료모델에 기반을 둔다).	개입의 초점을 희망과 가능성에 둔다(클라이언트의 문제는 도전과 기회의 단초가 될 수 있다).
클라이언트의 진술은 전문가에 의해 재해석되어 진단에 활용한다.	클라이언트의 진술은 그 사람을 알아가고 평가하는 중요한 방법 중 하나이다.
사회복지사는 클라이언트의 진술에 회의적이다.	사회복지사는 클라이언트의 진술을 인정한다.
어린 시절 상처는 성인기의 병리를 예측할 수 있는 전조이다.	어린 시절의 상처가 개인을 강하게 할 수도 있다(외상, 학대, 질병이 도전과 기회의 원천이 될 수도 있다).
개입의 핵심은 실무자에 의해 고안된 계획이다.	개입의 핵심은 개인, 가족, 지역사회의 참여이다.
사회복지사는 클라이언트 삶의 전문가이다.	개인, 가족, 지역사회가 클라이언트 삶의 전문가이다.
개인적 발전은 병리에 의해 제한된다.	개인적 발전은 항상 개방되어 있다.
변화를 위한 자원은 전문가의 지식과 기술이다.	변화를 위한 자원은 개인, 가족, 지역사회의 장점, 능력, 적응기술이다.
개입 목적은 행동, 감정, 사고, 관계의 부정적인 개인적·사회적 결과와 증상의 영향을 감소하는 것이다.	개입 목적은 그 사람의 삶에 함께 하며 가치를 확고히 하는 것이다.

정답 ④

07 다음 내용에 적합한 실천모델은? [제12회]

| ○ 순환적 원인론 적용 | ○ 환경 속의 인간 개념 활용 |
| ○ 공통의 문제해결 과정의 도출 | ○ 서비스 분화 및 파편화 문제의 해결 |

① 통합적 모델
② 해결중심모델
③ 기능주의모델
④ 진단주의모델
⑤ 인지행동모델

해설 통합적 모델은 **통합적 방법을 활용하는 모델**을 의미하는 것으로, 사회복지실천에서 통합적 방법이란 사회복지사가 개인, 집단, 지역사회에서 제기되는 사회문제에 활용할 수 있는 공통된 하나의 원리나 개념을 제공하는 '**방법의 통합화**'를 의미한다. 즉, **통합적 방법이란 전통적 방법의 전부 또는 일부를 조합해서 교육함으로써 한 명의 사회복지사가 복수의 방법을 통합적으로 사용하여 클라이언트에게 개입할 수 있도록 하고자 하는 것이다.** **대표적인 통합모델**에는 핀커스와 미나한(Pincus & Minahan)의 4체계 모델, 골드스타인(Goldstein)의 단일화 모델, 콤튼과 갤러웨이(Compton & Galaway)의 문제해결과정모델, 저매인과 기터맨(Germain & Gitterman)의 생활모델 등이 있다.

1) **핀커스와 미나한(Pincus & Minahan)의 4체계 모델** : 네 가지의 체계, 즉 **변화매개체계, 클라이언트체계, 표적체계, 행동체계**를 통하여 포괄적인 관점에서 클라이언트의 문제를 사정할 수 있는 기초를 제공한다.
2) **골드스타인(Goldstein)의 단일화모델** : 사회체계모델, 사회학습모델, 과정모델 등을 결합한 것으로 사회학습에 관한 사회복지사의 기능과 자원확보 및 활용능력을 통해 사회가 변화 가능하다는 것을 강조한다.
3) **콤튼과 갤러웨이(Compton & Galaway)의 문제해결과정모델** : 펄먼(Perlman)이 제시한 문제해결모델에 체계이론을 접목하여 이루어진 통합적 모델로서, 문제해결 자체보다 그 과정이나 단계에서의 활동에 중점을 둔다. 사회복지사는 클라이언트의 성장과정에 참여하여 그의 능력을 강화함으로써 삶에 보다 효과적으로 대처할 수 있도록 하는 데 중점을 둔다.
4) **저매인과 기터맨(Germain & Gitterman)의 생활모델** : 개인이 겪는 문제(고통이나 스트레스)의 원인을 단지 심리적인 과정이나 외부환경으로만 돌리는 이분법적 사고를 배제하고, 인간의 욕구와 문제를 인간과 환경 간 상호교환의 산물로 볼 것을 강조한다. 개인과 환경, 특히 인간의 욕구와 환경자원 간의 적응(적합)수준을 향상시키는 데 목적을 둔다.

정답 ①

08 다음 사례에 해당하는 집단의 유형은? [제10회]

> 알코올중독치료를 받은 후 퇴원한 A는 지역 알코올상담기관에서 매주 운영하는 알코올중독회복자자조모임에서 만나게 된 동료들의 도움으로 단주를 유지하며 회복에 대한 희망을 갖게 되었다.

① 과업집단 ② 지지집단
③ 교육집단 ④ 사회화집단
⑤ 감수성 훈련집단

해설 지지집단(support group)은 성원들이 스트레스를 주는 생활상의 사건에 잘 대처하고 효과적으로 적응할 수 있도록 원조하는 데 목적을 둔다. 지지집단에서 사회복지사의 역할은 성원들이 자조 및 상호원조를 통해 대처기술을 향상시킬 수 있도록 동기화시키고 미래에 대한 희망을 촉진시키는 것이며, 경우에 따라서는 지지집단을 직접 지도하지 않으면서 **비전문가가 이끄는 자조집단에 자문을 주는 형태의 간접적인 원조**를 제공하기도 한다.

핵심정리 집단의 종류(토슬랜드와 리바스)

치료집단 (treatment group)	형성목적 : 구성원의 사회심리적 욕구 충족	
	교육집단	• 성원들의 지식, 정보, 기술 습득 · 향상 • 예 위탁모교육 집단, 청소년성교육 집단 등
	성장집단	• 성원들의 자기인식 증진, 의식 · 사고의 변화(제고), 잠재력 개발(극대화) • 치료보다는 예방 · 사회정서적 건강증진에 초점 • 예 잠재력개발집단, 평등의식함양집단, 참만남집단(encounter group)
	치료집단 (therapy group)	• 성원들의 문제개선, 행동변화, 상실된 기능 회복 • 사회복지사 : 전문가, 권위적 인물, 변화매개인으로서의 역할 수행 • 예 약물중독자 집단, 금연 집단 등
	지지집단	• 생활상의 어려움에 잘 대처 · 적응하도록 상호원조, 격려, 정보교환 등 • 사회복지사 또는 전문가가 리더 역할 수행 • 예 장애아동 부모모임, 이혼가정 자녀집단 등
	사회화 집단	• 사회적으로 수용되는 행동유형을 학습함으로써 사회생활에서 효과적으로 기능할 수 있도록 원조 • 예 학교에서 공격적인 아동들의 집단 등
과업집단 (task group)	• 형성목적 : 특정 과업의 달성 • 예 위원회(가장 보편적인 형태), 행정집단, 협의체, 팀, 치료회의 등	

정답 ②

집단사회복지실천의 중간 단계에 해당하는 내용으로 옳은 것을 모두 고른 것은? [제18회]

ㄱ. 성원의 내적 변화를 파악하기 위해 개별상담을 한다.
ㄴ. 성원들의 참여를 촉진하기 위해 집단의 목적을 상기시킨다.
ㄷ. 하위집단의 의사소통과 상호작용 빈도를 평가한다.
ㄹ. 집단에 대한 의존성을 감소시키기 위해 모임주기를 조절한다.

① ㄱ, ㄷ
② ㄴ, ㄹ
③ ㄱ, ㄴ, ㄷ
④ ㄴ, ㄷ, ㄹ
⑤ ㄱ, ㄴ, ㄷ, ㄹ

해설 집단사회복지실천의 중간단계에서 모임을 준비하거나 필요에 따라 모임주기를 조절할 수도 있다. 하지만 **집단에 대한 의존성을 감소시키는 것**은 중간단계의 과업이 아니라 **종결단계의 과업**에 해당한다. 집단사회복지실천의 종결단계에서는 개별성원의 독립적 기능을 강화하기 위해 집단에 대한 의존성을 감소시켜야 할 과업이 주어진다.

■ 집단의 발달단계

준비단계	• 집단을 본격적으로 시작하기 전 **집단을 계획하고 성원들을 모집하는 과정** • 집단의 목적과 구성, 회기별 주제, 집단성원의 참여자격과 모집방식 및 절차, 공동지도자 참여 여부, 지속기간, 회합빈도, 물리적 환경, 기관의 승인 등을 고려하여 집단을 준비하는 단계
초기단계	• 집단모임이 시작되어 성원들이 **상호 탐색**하는 과정 • 다양한 기대를 가지면서도 **긴장과 불안이 높은 특성**을 보임 • **초기단계의 과업** : 사회복지사·집단성원·집단목적·성원의 역할 소개, 개별성원의 목표 설정, 집단의 규칙 설정, 집단성원의 불안과 저항 다루기, 집단 참여에 대한 동기부여 및 능력 격려, 계약(역할과 기대, 의무와 책임 등에 대한 명확화)
사정단계	• 특정 단계에서만 이루어지는 것이 아니라 **집단이 진행되는 과정 전반**에 걸쳐 이루어짐 • **주요 집단 사정도구** : 소시오메트리, 소시오그램(사회도), 상호작용차트, 의의차별척도(어의분별 방법·의미차이법·어의적 분화척도)
중간단계 (개입단계)	• **집단 프로그램을 진행**하고 **여러 과제를 수행**해 나가면서 **집단의 목표를 이루어가는 과정** • 성원들의 응집력을 유지하거나 높이기 위한 기술, 참여를 촉진하기 위한 기술, 변화를 이끌어 내기 위한 기술 등이 요구됨 • **중간단계의 과업** : 집단모임(회합) 준비, 집단 구조화(목표달성을 위해 계획적·체계적·시간 제한적으로 개입하는 것), 집단성원의 참여 촉진 및 저항하는 성원 독려, 목표달성 원조, 집단과정에 대한 점검과 평가(모니터링)
종결단계	• 집단의 목표를 달성하였거나 일정한 기한이 도래하는 경우, 그 외에 **다양한 사유에 따라** 집단을 마무리하는 과정 • **종결단계의 과업** : 변화(성취한 목표)를 유지하고 주요 생활영역으로 일반화하기, 종결에 대한 감정 다루기, 집단에 대한 의존성 감소시키기(개별성원의 독립적 기능 강화), 불만족스러운 종결 사유가 있을 경우 이해시키기, 미래에 대한 계획 세우기, 의뢰하기(필요시), 평가하기

🔒 **정답** ③

10 가족치료모델 유형에 관한 설명으로 옳은 것은? [제14회]

① 구조적 가족치료 : 가족구성원 간의 규칙 및 역할을 재조정하도록 원조하기
② 경험적 가족치료 : 상담 계획이 정해진 후 첫 회기 전까지 나타난 긍정적 변화를 질문하기
③ 전략적 가족치료 : 가족구성원이 삼각관계에서 벗어나도록 정서적 체계를 수정하기
④ 보웬의 세대 간 가족치료 : 문제가 되는 상황을 강화하기 위해 역설적으로 개입하기
⑤ 해결중심 가족치료 : 가족의 상호작용 유형을 확인하고 문제를 외현화하기

해설 미누친(S. Minuchin)이 제시한 구조적 가족치료모델은 가족구조의 변화에 초점을 두며, 문제에서 제시한 '가족구성원 간의 규칙 및 역할을 재조정하도록 원조하는 것'도 가족의 구조를 변화시키기 위한 노력이다. 참고로, 이 모델에서 말하는 구조란 가족성원들 간에 이루어지는 일관된 상호작용의 패턴이라고 할 수 있다.

- 문제에서 제시한 다른 지문들과 적합한 모델을 연결해 보면 다음과 같다.
  ② 상담 계획이 정해진 후 첫 회기 전까지 나타난 긍정적 변화를 질문하기 ⇨ **해결중심 가족치료모델**
  ③ 가족구성원이 삼각관계에서 벗어나도록 정서적 체계를 수정하기 ⇨ **다세대(세대 간) 가족치료모델**
  ④ 문제가 되는 상황을 강화하기 위해 역설적으로 개입하기 ⇨ **전략적 가족치료모델**
  ⑤ 가족의 상호작용 유형을 확인하고 문제를 외현화하기 ⇨ **이야기치료모델**

- **가족치료모델과 주요 개념 · 기법**

다세대 가족치료 (보웬)	• 자아분화(성장과 자율의 힘 + 의존과 정서적 친밀감을 추구하는 힘 ⇨ 두 힘의 균형 = '분화'), 삼각관계, 핵가족의 정서형성과정, 가족투사과정, 다세대 전수과정, 출생순위, 정서적 단절, 사회적 정서전달과정 • 가계도, 탈삼각화(치료적 삼각관계), 코칭, 나-입장 취하기 등
경험적 가족치료 (사티어와 위태커 등)	• 회유형 · 비난형 · (초)이성형 · 산만형 의사소통(네 가지 모두 역기능적 의사소통) ⇨ 일치형 = 수평형 의사소통(치료목표) • 가족조각, 가족그림, 빙산기법, 역할극, 은유(비유) 등
전략적 가족치료 (헤일리 등)	• 단기모델 • 문제에 대한 이해보다는 해결방법에 초점 • 역설적 지시(증상처방 · 변화제지 · 관점부여), 시련, 순환적 질문, 재명명 등
구조적 가족치료 (미누친)	• 가족구조의 변화에 초점(재구조화) • 가족구조, 하위체계, 경계선(밀착 · 분리 · 명확), 제휴(연합, 동맹), 권력 • 합류(> 유지, 추적, 모방), 경계선 만들기, 균형 깨뜨리기, 실연, 과제부여 등
이야기치료	• 문제의 외현화(가족의 문제를 개별성원이나 가족이 아닌 문제 자체로 보고, 가족을 괴롭히는 별개의 존재로 문제를 이야기)

🔒 정답 ①

해결중심모델에서 사용하는 질문 기법과 이에 관한 예로 옳은 것은? [제19회]

① 예외질문 : 그 어려운 상황 속에서도 견딜 수 있었던 것은 무엇이라 생각합니까?
② 관계성 질문 : 남편이 여기 있다면 당신이 어떻게 하는 것이 문제 해결에 도움이 된다고 할까요?
③ 기적질문 : 잠이 안 와서 힘들다고 하셨는데, 잠을 잘 잤다고 느낄 때는 언제인가요?
④ 대처질문 : 지난 1주일간 어떤 변화가 있었나요?
⑤ 척도질문 : 문제가 발생하지 않았던 때는 언제인가요?

해설 틀린 내용을 바로잡으면 다음과 같다.
① 그 어려운 상황 속에서도 견딜 수 있었던 것은 무엇이라 생각합니까? ⇨ **대처(극복)질문**
③ 잠이 안 와서 힘들다고 하셨는데, 잠을 잘 잤다고 느낄 때는 언제인가요? ⇨ **예외질문**
④ 지난 1주일간 어떤 변화가 있었나요? ⇨ **면담 전 변화에 대한 질문**
⑤ 문제가 발생하지 않았던 때는 언제인가요? ⇨ **예외질문**

■ 해결중심 가족치료 주요 내용

특징	• 단기모델, 문제중심적 시각에서 벗어나 **해결방안**에 초점 • 클라이언트의 자원과 과거 성공경험, 문제가 발생되지 않았던 **예외적 상황** 중시(모든 문제에는 예외가 존재한다고 봄)
기본원칙	• **건강한 것에 초점**을 둠 • 클라이언트의 **강점(자원)**을 발견하여 치료에 활용 • **탈이론적**이고 **비규범적**이며 클라이언트의 견해를 존중함 • 변화는 항상 일어나며 불가피함 • 현재와 미래 지향
해결방안 수립을 위한 질문기법	
면담 전 변화에 대한 질문	첫 면담을 약속하고 난 이후 현재까지 일어난 **변화**를 확인하기 위한 질문
기적질문	**문제가 해결된 상태**를 상상해 보고 **해결되기 원하는 것들**을 구체화시키는 질문
예외질문	**성공했던 경험, 문제가 발생하지 않는 상황, 잘 기능하고 있는 점**을 발견할 수 있도록 하는 질문
척도질문	가족문제의 심각성이나 상담목표의 달성 정도 등을 **수치로 표현**하게 하는 질문
대처(극복)질문	긍정적인 자원과 잠재력을 불러일으키는 질문(**어려운 상황에 대처했던 방법과 노력** 등)
관계성 질문	가족성원 등 **중요한 타인(들)과의 관계 양상 및 반응**을 파악하기 위한 질문

정답 ②

12 다음에 해당되는 기록방법은? [제21회]

○ 교육과 훈련의 중요한 수단이며, 자문의 근거자료로 유용
○ 면담전개 과정을 시간의 흐름에 따라 기술하는 방식
○ 사회복지사 자신의 행동분석을 통해 사례에 대한 개입능력 향상에 도움

① 과정기록
② 문제중심기록
③ 이야기체기록
④ 정보시스템을 이용한 기록
⑤ 요약기록

해설 과정기록은 원조과정이나 클라이언트와 사회복지사 간의 상호작용과정을 시간의 흐름에 따라 구체적으로(있는 그대로) 기록하는 방법이다. 보통 면담과정에서 나눈 모든 대화내용, 사회복지사의 의견, 슈퍼비전(또는 슈퍼바이저의 코멘트) 부분으로 나누어 기록을 하는데 목적 및 상황에 따라 사회복지사의 의견이나 슈퍼비전 부분이 생략될 수도 있다. 과정기록은 **실습이나 교육·훈련의 수단으로 유용**하다. 실습생 또는 사회복지사는 과정기록을 통해 **상호작용의 구체적인 면을 되돌아봄으로써** 자기인식을 고양하고 사회복지실천기술의 발전을 위해 가치 있는 피드백을 얻을 수 있다. 사회복지사가 자신의 실천행동과 결정을 분석하도록 고취시키므로, 사회복지사와 클라이언트체계 사이에서 일어나는 활동을 개념화·조직화하도록 하며, 면접이나 개입의 목적을 명료화시키고, **사례에 대한 개입기술능력을 향상시키는 데 도움**이 된다.

핵심정리 요약기록과 문제중심기록

요약기록	• 중요하다고 판단되는 정보를 조직화해서 기록하는 방식 • 모든 정보를 기록하는 것이 아니라 **문제 상황과 그에 대한 서비스 내용을 요점 위주로 간단하게 요약해서 기록** ⇨ 장기간에 걸쳐 진행되는 사례에 특히 유용 • 사회복지기관에서 **가장 보편적으로 사용**되고 있는 기록방식 • 이야기하듯 작성하는 문제 사용 ⇨ **이야기체기록**이라고도 함 • 장점 : 중요하다고 판단되는 것들만 기록할 수 있는 융통성 • 단점 : 사회복지사의 재량에 많이 의존
문제중심 기록	• 의료 및 정신건강 세팅과 같이 **여러 다른 전문직이 하나의 사례에 대해 함께 일하는 현장에서 주로 사용**되는 최신형태의 기록방식 • 중요한 목적은 '문서화 + 정보교환' • 현재 제시되고 있는 문제를 중심으로 구성, 문제영역을 규명·사정·목록화하고, 각 문제에 대해 무엇을 할 것인지에 대한 계획을 기록 • 문제중심기록의 4요소 : 데이터베이스, 문제목록, 초기계획, 진행노트(⇨ SOAP 방식으로 기록) • SOAP : Subjective information(주관적 정보), Objective information(객관적 정보), Assessment(사정), Plan(계획) • 장점 : 전문직들 간 소통 촉진 및 책무성 증진에 기여 • 단점 : 욕구나 강점보다는 문제를 강조하므로 관심의 폭이 한정될 수 있음, 의학적 관점에 상대적으로 더 초점을 두기 때문에 서비스 전달의 복잡성을 간과하는 경향

정답 ①

합격하는 방법 세 가지!

2025년 제23회 사회복지사 1급(필기) – 사회복지사 1급			
구분	시험과목		점수
1교시	사회복지기초	인간행동과 사회환경	25
		사회복지조사론	20
2교시	사회복지실천	사회복지실천론	23
		사회복지실천기술론	15
		지역사회복지론	19
3교시	사회복지정책과 제도	사회복지정책론	22
		사회복지행정론	20
		사회복지법제론	18
총점(200점 만점)			162
평균			81
시험결과			합격

첫째! 어쌤의 말씀! 그대로 믿고 공부하기

둘째! OX문제로 복습과 지문에 익숙해지기

셋째! 외워야 할 내용 정확히 암기 + 버리라는 내용, 지엽적인 내용은 버려도 충분히 합격

막상 각자의 바쁜 시간 속에서 시간을 확보하는 게 쉽지 않겠지만,
어쌤을 만난 이상, 어쌤을 믿고,
복습과 꾸준한 공부를 하시다보면 합격수기를 쓰실 수 있습니다.

어대훈 선생님 강의 들을 수 있어서 좋은 기회였다고 생각합니다. 고맙습니다.

제23회 국가시험 합격수기 중 발췌

REGION 03 지역사회복지론

어대훈 Human-Welfare 사회복지사 1급

01 지역사회(community)에 관한 설명으로 옳지 않은 것은? [제16회]

① 기능적 지역사회는 이념, 사회계층, 직업유형 등을 중심으로 이루어진다.
② 지리적 지역사회는 이웃, 마을, 도시 등을 예로 들 수 있다.
③ 던햄(A. Dunham)은 지역사회를 인구크기, 경제적 기반, 행정구역, 사회적 특수성으로 유형화했다.
④ 퇴니스(F. Tonnies)는 지역사회를 공동사회와 이익사회로 구분했다.
⑤ 길버트와 스펙트(N. Gilbert & H. Specht)는 지역사회의 사회통합기능이 현대의 사회복지제도로 정착되었다고 했다.

해설 길버트와 스펙트(N. Gilbert & H. Specht)는 지역사회의 **상호부조기능**이 현대의 사회복지제도로 정착되었다고 했다.

- 모든 지역사회가 공통적으로 수행하는 주요 기능에 대해서 **길버트와 스펙트는 존슨과 워렌(Johnson & Warren)의 이론을 다음과 같이 다섯 가지 기능으로 나누어 설명**하고 있다.

생산·분배·소비 기능	지역사회의 성원들이 일상생활을 영위하는 데 필요로 하는 상품과 서비스를 생산하고 분배하며 소비하는 과정과 관련된 기능을 말한다. 현대사회에서 재화와 서비스를 생산하고 분배하는 기능은 주로 기업을 통해서 이루어지고 있으나, 정부를 위시한 각종 전문기관, 종교단체, 교육기관, 건강 및 복지서비스, 주택체계 등도 이러한 기능을 담당하고 있다.	주로 경제제도가 수행
사회화 기능	**사회가 향유하고 있는 일반적인 지식, 사회적 가치, 그리고 행동양태를 그 사회 구성원들에게 전달시키는 과정**을 의미한다. 이러한 과정을 통해 사회구성원들은 다른 사회의 구성원들과 구별되는 생활양식을 터득하게 되는 것이다. 사회화의 과정은 개인의 어린 시절에 특히 중요하나 일생을 통해서 계속되는 것이 보통이다.	주로 가족제도가 수행
사회통제 기능	지역사회가 **그 구성원들에게 사회의 규범에 순응하게 하는 것**을 말한다. 모든 사회는 그 구성원들이 지켜야 할 법, 규칙, 도덕 등의 규범을 갖게 되는데, 이러한 규범을 준수하도록 하는 강제력이 결여된 경우 사회질서가 파괴되어 비행과 범죄가 만연되는 사회해체현상을 경험하게 될 것이다. 사회통제를 담당하는 1차적인 기관은 **정부**로서, 정부는 경찰력과 사법권을 통해 보편적으로 적용될 수 있는 법을 집행하는 강제력을 발휘한다. 다른 여러 사회조직인 가정, 학교, 교회와 사회기관들도 이러한 기능을 부분적으로 수행하고 있다.	주로 정치제도가 수행
사회통합(사회참여) 기능	사회체계를 구성하는 사회단위 조직들 간의 관계와 관련된 기능을 말한다. 사회화 기능이 사람들에게 어떻게 행동해야 할 것인가를 가르쳐주는 수단이고, 사회통제 기능이 그러한 행동을 하도록 지배하고 강조하는 수단이라면, 사회통합 기능은 **사람들 스스로 규범을 준수하여 바람직한 행동을 하도록 하는 것**이라고 할 수 있다. 워렌은 사회통합이라는 용어 대신에 사회참여란 용어를 사용하고 있는데, 이는 **지역사회가 제공하는 제반활동에 그 구성원들이 자발적으로 참여하게 하는 것**이다. 다른 사회적 기능에서와 마찬가지로 사회통합에 필요한 사회적 가치와 규범을 만들어 내는 여러 사회조직으로 가정, 학교, 사회단체 등을 들 수 있다.	주로 종교제도가 수행
상호부조(상부상조) 기능	사회구성원들이 **이상에서 살펴본 주요 사회제도에 의해 자기들의 욕구를 충족할 수 없는 경우에 필요하게 되는 사회적 기능**을 말한다. 개인과 가정은 누구나 질병, 사망, 실업, 사고 등의 이유로 자립할 수 없는 경우에 놓일 수 있으며, 이러한 경우 외부의 도움을 받지 않을 수 없다. 과거의 전통적인 사회에서 상부상조의 기능은 주로 가족과 친척, 이웃, 자선단체 등에 의해 수행되었으나, 현대 산업사회에서는 이러한 기능이 정부, 민간사회복지단체, 종교단체 등으로 폭넓게 확대되었다.	주로 사회복지제도가 수행

정답 ⑤

다음 사례를 설명할 수 있는 지역사회복지 이론은? [제15회]

> 사회복지관은 생존차원에서 외부 재정지원을 필요로 하지만 재정지원자의 요구를 무시하기 어렵다. 이런 상황에서 A사회복지관은 기관운영 재원을 마련하기 위해 다양한 후원기관을 발굴하였고, 이를 통해 직원들은 사업운영의 자율성이 확대되는 것을 경험하였다.

① 생태학이론
② 사회구성론
③ 기능주의이론
④ 권력의존이론
⑤ 사회체계이론

해설 **권력의존이론(힘의존이론)은** 사회복지서비스 조직들이 생존의 차원에서 외부의 재정적 지원에 의존할 수밖에 없다는 전제에서 출발한다. 이 이론은 **참여자들의 관계를 활용 가능한 자원의 크기에 의해 결정되는 권력 균형의 교환과정으로 파악**한다. 예를 들면, 중앙정부와 지방자치단체, 민간사회복지조직 간에 서로 다른 자원의 크기로 인해 지방자치단체는 중앙정부에 의존적일 수 있으며, 민간사회복지조직은 중앙정부와 지방자치단체에 의존적일 수 있다는 것이다. **정부의 보조금에 의해 조직을 운영하는 지역사회복지 조직들은 정부의 요구에 순응**하며, 클라이언트의 욕구를 충족해나가는 중간자로서의 기능이 강조되어 순수한 사회복지서비스 조직으로서의 **정치적 중립성이 훼손될 가능성**이 있고 권력의존이론의 대표적인 사례가 될 수 있다. 따라서 **지역사회복지 서비스 조직들이 이러한 의존성으로부터 탈피하기 위해서는 다음의 사항을 고려하여야** 한다.
1) 재정지원에 대한 동일한 가치의 대가를 재정지원자에게 제공한다.
2) 다른 여러 재원들을 확보하여 서비스를 제공한다.
3) 서비스의 지원 없이(또는 최소의 서비스로만) 생존하는 방법을 클라이언트에게 교육한다.
4) 재정지원자들이 직접 클라이언트에게 서비스를 제공하도록 만든다.

핵심정리 문제에서 제시된 다른 이론들

이론	내용
생태학적 이론	• 다윈의 적자생존법칙에 뿌리를 두고 발달 ⇨ 지역사회의 변화과정을 역동적 진화과정으로 설명 • 생물과 환경 간의 관계를 연구하는 것으로, 생태학에서는 생물과 환경이 서로 분리될 수 없고 일체적이라그 봄 • 환경에 대한 인간의 적응을 다루며, 지역사회의 현상을 시간적·공간적 차원에서 다양하게 분석하도록 하는 데 유용함
사회구성론	• 지역사회의 문제를 객관적 사실로 인정하지 않고, 특정 집단에 의해 규정되는 것으로 봄 ⇨ 지식이 인간은 경험세계로부터 주관적으로 구성된다고 보며, 가치나 규범, 신념, 태도 등이 다양한 사회적·문화적 집단에 따라 다르게 구성된다고 봄 • 다양한 문화를 가진 클라이언트와의 지속적 대화과정 중시(현실에 대한 사회적 구성이 '대화'를 통해 이루어진다고 보기 때문)
기능주의이론 (구조기능론)	• 사회를 상호 의존적인 부분들로 구성된 체계로 보며, 사회의 모든 요소는 균형 또는 안정 지향적이라고 봄 • 지역사회는 다양한 하위체계들로 구성되며, 이들은 서로 유기적 관계를 맺고 상위체계인 지역사회를 유지하는 데 필요한 기능을 수행함 • 사회적 부적응을 사회문제로 보며, 갈등을 부정적으로 인식함(보수적 성향이 강함) • 지역사회문제의 원인이 사회 자체보다는 개인, 가족, 일탈적 하위문화, 부실한 교육제도 등 하위체계들의 기능이 제대로 작동하지 못하는 것에 있다고 봄
사회체계이론	• 지역사회를 하나의 행위자로 보는 것으로, 지역사회는 지위, 역할, 집단, 제도로 이루어진 하나의 체계임 • 지역사회를 지역사회문제 그 자체로만 보는 것이 아니라 전체적 시각에서 바라보게 하고, 각각의 하위체계 및 외부환경과 연결된 시각에서 보게 함

정답 ④

03 로스만(J. Rothman)의 지역사회복지 실천모델에 관한 설명으로 옳은 것을 모두 고른 것은?

[제23회]

> ㄱ. 지역사회개발모델은 지역사회 역량강화, 통합, 자조를 활동 목표로 둔다.
> ㄴ. 사회계획모델에서는 변화의 매개체로 과업지향적인 소집단을 활용한다.
> ㄷ. 사회행동모델에서 사회복지사의 핵심 역할은 옹호자, 선동가, 협상가이다.
> ㄹ. 지역사회개발모델은 지역사회 문제 해결을 위해 전문가의 주도적 개입을 강조한다.

① ㄱ, ㄷ
② ㄴ, ㄷ
③ ㄴ, ㄹ
④ ㄱ, ㄴ, ㄷ
⑤ ㄱ, ㄴ, ㄹ

✱ 박문각 가채점 정답률 74.5%

해설 틀린 내용을 바로잡으면 다음과 같다.
ㄴ. 변화의 매개체로 과업지향적 소집단을 활용하는 것은 **지역사회개발모델**이다.
ㄹ. 지역사회 문제 해결을 위해 전문가의 주도적 개입을 강조하는 것은 **사회계획모델**이다.

비교정리 로스만(J. Rothman)의 지역사회복지실천모델 비교

구분	모형 A (지역사회개발)	모형 B (사회계획/정책)	모형 C (사회행동)
활동목표	과정 목표	과업 목표	과업 또는 과정 목표
문제상황에 관한 전제	지역사회의 상실, 아노미 : 관계 및 민주적 문제해결능력의 결여	실질적인 사회문제, 정신 및 신체적 건강문제, 주택, 여가 등	불리한 상황에 있는 인구집단, 사회부정의, 박탈, **불평등**
기본적인 변화전략	문제를 결정하고 해결함에 관여된 **사람들의 광범위한 참여**	문제에 대한 자료수집과 가장 합리적인 행동조치의 결정	문제(쟁점)의 구체화와 목표집단에 대해 행동을 취하기 위한 사람의 조직
변화전술(기법)	합의	합의 또는 갈등	갈등 또는 경쟁
사회복지사의 역할	조력자, 안내자, 촉진자, 촉매자, 격려자, 조정자, 교육자	전문가(사실수집가, 분석가, 계획가, 프로그램실행자)	행동가, 옹호자(대변자), 중재자, 협상가, 당파
변화의 매개체	과업지향적인 소집단	공식집단·객관적 자료	대중조직·정치적 과정
권력구조에 대한 견해	공동사업의 **협력자**	고용자 또는 **후원자**	활동의 외부 표적으로서 **변화대상**(공격당하고 파괴되어야 하는 **압제자**)
수급자의 범위	지리적 측면에서 **전체 지역사회**	지역사회 **전체 또는 일부**	지역사회 **일부**
수혜집단 구성원	지역주민, 시민	서비스의 소비자	**억압으로 인한 피해자(희생자)**
수급자의 역할에 관한 견해	문제해결을 위한 **상호작용과정에의 참여자**	소비자 또는 수혜자	동료(같은 회원), 피고용자, 유권자

🔒 정답 ①

04 다음에서 설명하는 테일러와 로버츠(S. Taylor & R. Roberts)의 지역사회복지 실천모델은?

[제23회]

○ 지역사회의 문제해결을 위해 관계망을 형성하거나 조정
○ 사회복지사, 자원봉사자, 행정가 등 다양한 구성원이 참여
○ 지역사회복지 실천 과정에서 클라이언트와 후원자의 영향력이 동등

① 계획모델
② 지역사회연계모델
③ 지역사회개발모델
④ 정치적 역량강화모델
⑤ 프로그램 개발 및 조정모델

✱ 박문각 가채점 정답률 86.2%

해설 가장 결정적인 힌트는 **클라이언트와 후원자의 영향력이 동등**하다는 것이고, **관계망 형성(조정)**도 중요한 힌트가 된다.

■ 테일러와 로버츠(Taylor & Roberts, 1985)의 모델

실천모델	후원자(후견인·전문가)와 클라이언트의 결정권한 정도
프로그램 개발 및 조정 모델	후원자가 100%(완전히) 결정권한
계획 모델	후원자가 7/8(거의 대부분) 결정권한
지역사회연계 모델	후원자와 클라이언트가 각각 1/2(동등하게) 결정권한
지역사회개발 모델	클라이언트가 7/8(거의 대부분) 결정권한
정치적 권력(역량)강화 모델	클라이언트가 100%(완전히) 결정권한

암기 도우미
테일러와 로버츠의 지역사회복지실천모델
테일러와 로버츠라는 **프로 계**이머가 **연계·개발**한 **정치**게임

정답 ②

05 사회복지사가 클라이언트를 위한 옹호를 할 때, 옹호의 구체적 전술에 해당하지 않는 것은?

① 설득
② 증언청취 [제12회]
③ 표적을 난처하게 하기
④ 정치적 압력
⑤ 의뢰

해설 옹호 전술 주요 내용

개념	클라이언트의 권익을 위해 싸우거나 대변하거나 방어하는 활동
의의	개별적 문제를 공공의 쟁점(사회적 이슈)으로 전환시키는 역할
구체적 전술	1) **설득** : 클라이언트 또는 어떤 명분에 대해 호의적인 해석을 얻어내기 위한 제반 활동을 말하며, **표적체계로 하여금 우리의 목적을 반영하는 쪽으로 의사결정을 변경하거나 방향을 틀도록 노력하는 활동**이기도 하다. 2) **대변하기** : 사회가 복잡해지면서 사람들이 각자의 문제를 스스로 처리할 지식과 능력을 갖추기 힘들게 되므로, **경험 있는 사람이 다른 사람의 의견을 대신해서 표현 또는 전달하는 행위**를 말한다. 3) **청문(증언청취) · 청원 · 고충처리 · 이의신청** : 수급자격이 있으면서도 혜택이나 권리를 누리지 못한 클라이언트나 클라이언트 집단이 공평하게 처우를 받을 수 있도록 하기 위한 행정절차들이다. 4) **변화의 표적을 궁지에 몰기** : **상대방을 당혹스럽게 만든다는 뜻으로**, 그렇게 함으로써 특정 사안에 대한 상대방의 태도나 입장을 흔들 수 있다는 것이다. 표적이 되는 상대방이 과거 자신들의 공언(公言)과는 다른 의사결정을 내릴 때 주로 사용되는 것으로, 피케팅이나 전단배포, 대상 기관의 사무실이나 복지시설의 물리적 검거 등을 예로 들 수 있다. 5) **정치적 압력** : 공공조직 또는 선출직 공무원(국회의원, 시 · 도의원, 시 · 군 · 구의원 등)을 대상으로 펼치는 전술이다. 때로는 선출직 공무원을 통해 해당 기관이나 행정 관료에게 압력을 행사하도록 할 수도 있다. 이 전술의 목적은 새로운 법을 통과시키도록 한다거나, **새로운 프로그램을 개발하게 한다거나, 지역사회주민 조직에게 이로운 정책을 강구하고 시행하도록 하는 것**이다.

정답 ⑤

지방분권에 관한 설명으로 옳지 않은 것은? [제19회]

① 주민참여 기회가 확대된다.
② 중앙정부의 책임성이 강화된다.
③ 지역 특성에 맞는 정책을 수립할 수 있다.
④ 지역 간 복지수준의 격차가 발생할 수 있다.
⑤ 지방자치단체의 역할과 책임을 강화시킬 수 있다.

해설 지방분권은 복지행정업무와 재정을 지방으로 이양함에 따라 복지에 대한 **중앙정부의 사회적 책임성을 약화시키고 효율성을 저하**시킬 수 있다. 다시 말해서 중앙정부의 복지사업을 지방정부로 떠넘기거나 중앙정부와 지방자치단체의 사업이 상호 중복될 경우 오히려 효율적인 복지집행체계 구축이 곤란해질 수도 있다.

■ **지방분권(지방자치)의 긍정적 영향과 부정적 영향**

긍정적 영향	부정적 영향
① 지방정부의 권한과 책임 강화 ⇨ 지방정부 중심의 복지행정으로 전환 ② 지역주민의 욕구에 대해 보다 신속하고 적극적이며 포괄적인 대응 가능(주민 밀착형 서비스 제공 가능) ③ 사회복지 관련 행정부서의 전문성 강화 및 활동범위 확대 ④ 지역의 복지에 대한 주민들의 책임의식 강화 및 정책과정에의 주체적 참여 유도 ⑤ 지방의회, 지방자치단체장 등이 주민들의 실제적 욕구를 정책에 반영할 가능성 증가 ⑥ 복지의 분권화·다원화를 통해 효율적인 복지집행체계 구축 용이 ⑦ 비정부조직(NGO)의 자원활용 확대 등	① 지방자치단체장 및 지방의회의 정책방향이나 의지, 지방정부 간 재정능력의 차이 등에 따라 지역 간 불균형(복지 불평등) 초래 ⇨ 사회통합 저해, 자원배분을 둘러싼 갈등 야기 ② 지방자치단체 간 경쟁 심화 ⇨ 지역이기주의 발생 또는 확대 ③ 복지에 대한 중앙정부의 사회적 책임성을 약화시키고 효율성을 저하시킬 수 있음 ④ 지방정부가 경제성장을 최상위 목표로 삼고 개발정책에 우선순위를 둘 경우 복지예산이 감소될 수 있음

정답 ②

07 사회복지관 사업내용 중 서비스 제공 기능에 해당하지 않는 것은? [제20회]

① 지역사회 보호
② 사례관리
③ 교육문화
④ 자활지원
⑤ 가족기능 강화

해설 사회복지사업법 시행규칙 [별표 3] 사회복지관의 사업 축약

기능	사업 분야	사업 및 내용
사례관리 기능	사례발굴	지역 내 보호가 필요한 대상자 및 위기 개입대상자를 발굴하여 개입계획 수립
	사례개입	지역 내 보호가 필요한 대상자 및 위기 개입대상자의 문제와 욕구에 대한 맞춤형 서비스가 제공될 수 있도록 사례개입
	서비스연계	사례개입에 필요한 지역 내 민간 및 공공의 가용자원과 서비스에 대한 정보제공 및 연계, 의뢰
서비스 제공 기능	가족기능강화	1. **가족**관계증진사업 2. **가족**기능보완사업 3. **가정**문제 해결·치료사업 4. 부양**가족**지원사업 5. 다문화**가정**, **북한이탈주민** 등 지역 내 이용자 특성을 반영한 사업
	지역사회보호	1. 급식**서비스** 2. 보건의료**서비스** 3. 경제적 **지원** 4. 일상생활 **지원** 5. 정서**서비스** 6. 일시보호**서비스** 7. 재가복지봉사**서비스**
	교육문화	1. 아동·청소년 사회**교육** 2. 성인기능**교실** 3. 노인 여가·**문화** 4. **문화**복지사업
	자활지원 등 기타	1. **직업**기능훈련 2. **취업**알선 3. **직업**능력 개발 4. 그 밖의 특화사업
지역 조직화 기능	복지네트워크 구축	지역사회연계사업, 지역욕구조사, 실습지도
	주민조직화	**주민**복지증진사업, **주민**조직화 사업, **주민**교육
	자원 개발 및 관리	**자원**봉사자 개발·관리, **후원자** 개발·관리

암기 도우미

사회복지관의 기능과 사업분야
1) 사회복지관(의 3대 기능) **사·서·조**!! ➡ **사**례관리·**서**비스제공·**지**역**조**직화 기능
2) 사례관리는 **사발·개**(같은)·**연계** ➡ **사례발**굴·**사례개**입·**서비스연계**
3) 서비스 제공하러 **가·자·지·교**!! ➡ **가**족기능강화·**자**활지원·**지**역사회보호·**교**육문화
4) 지역조직화를 위해 **복·주·자**!! ➡ **복**지네트워크 구축·**주**민조직화·**자**원개발 및 관리

정답 ②

사회복지공동모금회법령에 관한 설명으로 옳지 않은 것은? [제11회]

① 사회복지공동모금회는 사회복지법인에 해당한다.
② 사회복지공동모금회는 복권을 발행할 수 있다.
③ 기부하는 자의 의사에 반하여 기부금품을 모집하여서는 아니 된다.
④ 언론기관을 모금창구로 지정한 경우라도 모금계좌는 사회복지공동모금회 명의로 한다.
⑤ 기부금품의 기부자는 배분지역, 배분대상자 또는 사용 용도를 지정할 수 있다.

해설 **사회복지공동모금회법 제19조(모금창구의 지정)** 모금회는 기부금품의 접수를 효율적이고 공정하게 하기 위하여 언론기관을 모금창구로 지정하고, **지정된 언론기관의 명의로 모금계좌를 개설할 수 있다.**

■ 사회복지공동모금회 및 법률 주요 내용

• 1997년 사회복지공동모금법 제정 ⇨ 1998년 사회복지공동모금회 설립 ⇨ 1999년 사회복지공동모금회법으로 개정
사회복지공동모금회법 주요 내용
• 사회복지공동모금회의 설립 : **보건복지부장관의 인가** ⇨ 중앙 및 시·도 지회 **의무설치**(~를 둔다) • 사회복지공동모금회는 **사회복지법인으로** 한다. • 지회에서 조성한 공동모금재원 : 해당 시·도 배분대상자에게 배분 원칙 • 매 회계연도에 조성된 공동모금재원 : 해당 회계연도에 지출하는 것이 원칙 • **분과실행위원회 : 기획, 홍보, 모금, 배분** • 연중모금, 집중모금 모두 가능(**집중모금 시** 모집일부터 15일 전, 모집종료일부터 1개월 이내 보건복지부장관에게 보고) • 사회복지사업이나 그 밖의 사회복지활동 등을 지원하기 위한 재원조성을 위해 **복권을 발행할 수 있다.** • 기부금품 접수의 효율성과 공정성을 위해 언론기관을 모금창구로 지정하고, 지정된 **언론기관 명의로 모금계좌를 개설할 수 있다.** • 기부금품모집 및 모금회 관리·운영 비용 : 바로 앞 회계연도 모금총액의 **10% 범위에서** 이사회의 의결을 거쳐 사용할 수 있다. • 국가나 지방자치단체는 모금회에 기부금품 모집에 필요한 비용과 모금회의 관리·운영에 필요한 비용을 보조할 수 있다.

🔒 정답 ④

09 다음 설명은 아른스테인(S. Arnstein)이 분류한 주민참여단계 중 어디에 해당되는가? [제17회]

○ 행정기관과 주민이 서로 간의 관계 확인
○ 행정기관이 일방적으로 주민들을 교육, 설득시키고 주민은 단순히 참여하는 수준
○ 주민참여에서 권력분배정도가 가장 낮은 수준

① 주민회유(placation)　　② 협동관계(partnership)
③ 정보제공(informing)　　④ 권한위임(delegated power)
⑤ 조작(manipulation)

해설 아른스테인(S. Arnstein)이 분류한 주민참여도 단계와 권력분배 정도

	단계	내용	
8	주민통제 (citizen control)	주민 스스로 입안하고, 결정에서 집행 그리고 **평가단계까지 주민이 통제**하는 단계	주민 권력
7	권한위임 (delegated power)	주민들이 특정한 계획에 관해서 **우월한 결정권**을 행사하고 **집행단계**에 있어서도 강력한 권한을 행사함	
6	협동관계 (partnership)	행정기관이 최종결정권을 가지고 있지만 **주민들이 필요한 경우** 그들의 주장을 **협상**으로 유도할 수 있음	
5	주민회유 (placation)	각종 위원회 등을 통해 주민의 참여범위가 확대되지만 최종적인 판단은 행정기관이 한다는 점에서 제한적임	형식적 참여
4	상담 (consultation)	공청회나 집회 등의 방법으로 행정에 참여하기를 유도하고 있으나 형식적인 단계에 그침	
3	정보제공 (informing)	행정이 주민에게 **일방적으로 정보를 제공**하며, 환류는 잘 일어나지 않음	
2	치료 (therapy)	주민의 욕구불만을 일정한 사업에 분출시켜서 **치료**하는 단계로서 행정의 일반적인 지도에 그침	비참여
1	여론조작 (manipulation)	행정과 주민이 서로 간의 관계를 확인한다는 것에서 의의를 찾을 수 있으며, **공무원이 일방적으로 교육, 설득**시키고 주민은 단순히 참석하는 수준	

암기 도우미
아른스타인의 주민참여 단계
조·치·정·상·회·협·권·주
➡ **조작**, 치료, 정보제공, 상담, **회유**, 협동관계, 권한위임, 주민통제

정답 ⑤

10 사회복지사업법령의 규정에 관한 내용으로 옳지 않은 것은? [어쌤 출제]

① 사회복지관이란 지역사회를 기반으로 일정한 시설과 전문인력을 갖추고 지역주민의 참여와 협력을 통하여 지역사회의 복지문제를 예방하고 해결하기 위하여 종합적인 복지서비스를 제공하는 시설을 말한다.
② 전국 단위의 한국사회복지협의회와 시·도 단위의 시·도 사회복지협의회를 둘 수 있다.
③ 보건복지부장관 및 시·도지사는 3년마다 사회복지시설에 대한 평가를 실시하여야 한다.
④ 사회복지서비스를 필요로 하는 사람에 대한 사회복지서비스 제공은 현물로 제공하는 것을 원칙으로 한다.
⑤ 사회복지사 1급 자격증을 받으려는 사람은 국가시험에 합격하여야 한다.

해설 사회복지 관련 법령 중 출제비중 1위가 사회복지사업법령이다. 사회복지법제론뿐만 아니라 지역사회복지론에서도 자주 출제되고 있으며, 사회복지행정론과 사회복지정책론에서도 종종 출제되고 있다.

- **사회복지사업법 제33조(사회복지협의회)** ① 사회복지에 관한 다음 각 호의 업무를 수행하기 위하여 전국 단위의 **한국사회복지협의회**(이하 "**중앙협의회**"), 시·도 단위의 **시·도 사회복지협의회**(이하 "**시·도협의회**") 및 시·군·구 단위의 **시·군·구 사회복지협의회**(이하 "**시·군·구협의회**")를 둔다.
  1. **사회복지**에 관한 조사·연구 및 정책 건의
  2. **사회복지** 관련 기관·단체 간의 연계·협력·조정
  3. **사회복지** 소외계층 발굴 및 민간사회복지자원과의 연계·협력
  4. 대통령령으로 정하는 사회복지사업의 조성

  > **사회복지사업법 시행령 제12조(한국사회복지협의회 등의 업무)** 법 제33조 제1항 제4호에서 "대통령령으로 정하는 사회복지사업"이란 다음 각 호의 사업 및 업무를 말한다.
  > 1. **사회복지**에 관한 교육훈련
  > 2. **사회복지**에 관한 자료수집 및 간행물 발간
  > 3. **사회복지**에 관한 계몽 및 홍보
  > 4. 자원봉사활동의 진흥
  > 5. **사회복지사업**에 관한 기부문화의 조성
  > 6. **사회복지사업**에 종사하는 사람의 교육훈련과 복지증진
  > 7. **사회복지**에 관한 학술 도입과 국제사회복지단체와의 교류
  > 8. 보건복지부장관이 위탁하는 **사회복지**에 관한 업무(중앙협의회만 해당)
  > 9. 시·도지사 및 중앙협의회가 위탁하는 **사회복지**에 관한 업무(시·도협의회만 해당)
  > 10. 시·도지사, 시장·군수·구청장, 중앙협의회 및 시·도협의회가 위탁하는 **사회복지**에 관한 업무(시·군·구협의회만 해당)
  > 11. 그 밖에 중앙협의회, 시·도협의회, 시·군·구협의회의 목적 달성에 필요하여 각각의 정관에서 정하는 사항

  ② 중앙협의회, 시·도협의회 및 시·군·구협의회는 이 법에 따른 **사회복지법인**으로 하되, 제23조 제1항(= 사회복지법인의 재산 소유 의무)은 적용하지 아니한다.
  ③ **중앙협의회의 설립 및 운영 등에 관한 허가, 인가, 보고 등에 관하여** 제16조 제1항, 제17조 제2항, 제18조 제6항·제7항, 제22조, 제23조 제3항, 제24조, 제26조 제1항 및 제30조 제1항을 **적용할 때에는 "시·도지사"는 "보건복지부장관"으로 본다.**

🔒 **정답** ②

11 지역사회보장계획에 관한 설명으로 옳지 않은 것은? [제15회]

① 사회보장급여의 사각지대 발굴 및 지원 방안을 모색한다.
② 지역사회보장 수요를 측정하고, 목표 및 추진전략을 수립한다.
③ 주택, 고용, 문화를 제외한 보건과 의료영역에 초점을 둔다.
④ 시·도 및 시·군·구에서 계획을 수립한다.
⑤ 지역사회보장서비스의 수급조정과 안정적 공급을 도모한다.

해설 지역사회보장계획은 **사회복지에 관한 다양한 영역들과 보건의료에 관한 다양한 영역들의 연계와 협력을 강조**한다. 또한 지역사회보장계획을 수립할 때에는 **사회보장기본법에 따른 사회보장에 관한 기본계획과도 연계**되도록 해야 한다.

■ 지역사회보장계획 주요 내용(사회보장급여의 이용·제공 및 수급권자 발굴에 관한 법률)

```
(사회보장기본법에 따른) 사회보장위원회에 보고
          ↑
       보건복지부장관
          ↑
시·도 사회보장위원회의 심의 + 해당 시·도 의회 보고
          ↑
  시·도지사 ─ 시·도 지역사회보장계획 수립

지역사회보장협의체 심의 + 해당 시·군·구 의회 보고
          ↑
시장·군수·구청장 ─ 시·군·구 지역사회보장계획 수립
```

- 4년마다 계획수립
- 매년 연차별 시행계획 수립
- **사회보장기본법**에 따른 '사회보장에 관한 기본계획'과 연계되도록 해야 함

- **보건복지부장관 또는 시·도지사**는 지역사회보장계획의 내용이 대통령령으로 정하는 사유에 해당하는 경우 **시·도지사 또는 시장·군수·구청장**에게 그 조정을 권고할 수 있다.
- **보건복지부장관**은 시·도 지역사회보장계획의 시행결과를, **시·도지사**는 시·군·구 지역사회보장계획의 시행결과를 각각 평가할 수 있다.
- **시·도지사**는 시·도의 사회보장 증진을 위하여 **시·도 사회보장위원회를 둔다.**
- **시장·군수·구청장**은 지역의 사회보장을 증진하고, 사회보장과 관련된 서비스를 제공하는 관계 기관·법인·단체·시설과 연계·협력을 강화하기 위하여 해당 **시·군·구에 지역사회보장협의체를 둔다.**
- 지역사회보장협의체의 업무를 효율적으로 수행하기 위하여 **지역사회보장협의체에 실무협의체를 둔다.**
- **시장·군수·구청장**은 사회보장에 관한 업무를 효율적으로 수행하기 위하여 관련 조직, 인력, 관계 기관 간 협력체계 등을 마련하여야 하며, 필요한 경우에는 사회보장에 관한 사무를 전담하는 기구(이하 "사회보장사무 전담기구")를 별도로 설치할 수 있다.
- 사회복지사업에 관한 업무를 담당하게 하기 위하여 **시·도, 시·군·구, 읍·면·동 또는 사회보장사무 전담기구**에 사회복지전담공무원을 둘 수 있다.
- **특별자치시장 및 시장·군수·구청장**은 읍·면·동 단위로 읍·면·동의 사회보장 관련 업무의 원활한 수행을 위하여 해당 읍·면·동에 **읍·면·동 단위 지역사회보장협의체를 둔다.**

정답 ③

시·군·구 지역사회보장계획 수립 및 시행절차에 관한 설명으로 옳은 것을 모두 고른 것은? [제23회]

> ㄱ. 시·군·구는 4년마다 지역사회보장계획을 수립하여야 한다.
> ㄴ. 사회보장위원회의 심의와 지방의회 보고를 거쳐 시·도지사에게 제출한다.
> ㄷ. 지역사회보장계획에는 사회보험에 필요한 재원 규모와 조달방안이 포함된다.
> ㄹ. 지역사회보장조사는 지역사회보장 욕구조사와 자원조사로 구성된다.

① ㄱ, ㄴ
② ㄱ, ㄷ
③ ㄱ, ㄹ
④ ㄴ, ㄷ
⑤ ㄴ, ㄹ

---

* 박문각 가채점 정답률 46.2%

해설 틀린 내용을 바로잡으면 다음과 같다.
ㄴ. **지역사회보장협의체**의 심의와 지방의회(→ 해당 시·군·구 의회)의 보고를 거쳐 시·도지사에게 제출한다.
ㄷ. 지역사회보장계획에는 **지역사회보장**에 필요한 재원 규모와 조달 방안이 포함된다.

■ **시·군·구 지역사회보장계획에 포함해야 할 사항**

> ① **지역사회보장 수요**의 측정, 목표 및 추진전략
> ② **지역사회보장**의 목표를 점검할 수 있는 **지표**의 설정 및 목표
> ③ **지역사회보장**의 **분야별** 추진전략, 중점 추진사업 및 **연계협력** 방안
> ④ **지역사회보장 전달체계**의 조직과 운영
> ⑤ **사회보장급여**의 **사각지대** 발굴 및 지원 방안
> ⑥ **지역사회보장**에 필요한 **재원**의 규모와 조달 방안
> ⑦ **지역사회보장**에 관련한 **통계** 수집 및 관리 방안
> ⑧ 지역 내 **부정수급** 발생 현황 및 방지대책
> ⑨ 그 밖에 대통령령으로 정하는 사항

암기 도우미
시·군·구 지역사회보장계획에 포함해야 할 사항들
수·지와 **연·분**을 맺지 못한 **전·사·부**는 **원·통**해!
➡ **수**요의 측정, **지**표의 설정, **연**계협력 방안, 분야별 추진**전**략, **전**달체계의 조직과 운영, **사**각지대 발굴 및 지원, **부**정수급 발생현황 및 방지대책, **재**원의 규모와 조달, **통**계 수집 및 관리

정답 ③

조사론 21점, 나머지는 다 20점(총 161점)!!
어쌤~ 감사드립니다!

구분	2024년 제22회 사회복지사 1급(필기) - 사회복지사 1급		점수
	시험과목		
1교시	사회복지기초	인간행동과 사회환경	20
		사회복지조사론	21
2교시	사회복지실천	사회복지실천론	20
		사회복지실천기술론	20
		지역사회복지론	20
3교시	사회복지정책과 제도	사회복지정책론	20
		사회복지행정론	20
		사회복지법제론	20
총점(200점 만점)			161
평균			80.5
시험결과			합격

사회복지사 2급을 취득하고 일하던 중 1급의 필요성을 느끼고 도전하게 되었습니다. 같이 일하던 사회복지전공 동료가 1급 강의는 어대훈쌤이 최고라고 추천하여 강의를 듣게 되었는데 잘한 것 같습니다.

핵심만 쏙쏙 골라서 알려주시고, 그중에서도 중요한 건 암기도우미로 만들어서 외우게 해주시니까 공부할 만하네요.ㅎㅎㅎ 그리고 공부하는 방법까지 알려주셔서 따로 계획을 하지 않았는데 자연스럽게 '이렇게 해야겠구나!'를 느꼈습니다.

인강으로 매일 강의 3개를 목표로 나눠서 들었습니다. 그리고 강의 1개 듣고, 책의 해당 내용 빠르게 읽고, 그날의 강의 다 들으면 그날 내용 또 읽고, 마지막으로 O×모의고사 전에 해당 내용을 또 읽었습니다. 총 3번을 읽어도 조금 걱정스러웠는데, 모의고사를 보니 내용이 기억났고 어디가 부족한지도 정확히 알게 되었습니다.

이 과정을 다빈출 + 이론서 + 핵심요약 + 기출문제까지 하니까 자연스럽게 머리에 남더라구요.ㅎㅎ 덕분에 사회복지사 1급 합격하였습니다. 다 어쌤 덕분입니다!! 감사합니다~~~
믿습니다 어쌤!!!

제22회 국가시험 합격수기 중 발췌

어대훈 Human-Welfare
사회복지사 1급

배워서 남 주고 함께 나누기!!

사회복지정책과 제도

1영역　사회복지정책론
2영역　사회복지행정론
3영역　사회복지법제론

REGION 01 사회복지정책론

어대훈 Human-Welfare 사회복지사 1급

01 사회복지정책의 가치에 관한 설명으로 옳은 것은? [제10회]

① 가치는 사회복지정책의 목표가 아니라 수단이다.
② 비례적 평등 가치를 실현하려면 자원배분 기준이 먼저 정해져야 한다.
③ 보험수리원칙은 결과의 평등 가치를 반영한다.
④ 열등처우원칙은 수량적 평등 가치를 반영한다.
⑤ 적극적 자유는 타인의 간섭이나 구속으로부터의 자유를 뜻한다.

해설 틀린 내용을 바로잡으면 다음과 같다.
① 가치는 **사회복지정책의 수단이 아니라 목표**이다.
③ 보험수리원칙은 **비례적 평등**의 가치를 반영한다.
④ 열등처우원칙은 **비례적 평등**의 가치를 반영한다.
⑤ **소극적 자유**는 타인의 간섭이나 구속으로부터의 자유를 뜻한다.

핵심정리 평등

구분	개념	가장 가까운 예
수량적(산술적) 평등 = 결과의 평등	• **가장 적극적** 성격의 평등 • 개인의 욕구나 능력, 노력, 기여 등의 차이와 **관계없이** 사회적 자원을 **똑같이 분배** • 추구할 수는 있으나 도달할 수는 없는 의미의 평등	• 공공부조 • 국가보건서비스(NHS)
비례적 평등 = 공평(형평)	• 자본주의 사회에서 실질적으로 가장 널리 사용되는 개념 • 개인의 능력, 노력, 기여 정도에 따라 사회적 자원을 **상이하게** 분배	• 사회보험 • 열등처우의 원칙
기회의 평등 ↓파생	• **가장 소극적** 성격의 평등 • 결과를 얻을 수 있는 과정상의 기회를 동일하게 제공 • 모든 사회제도에 대한 접근을 모든 사람에게 균등하게 개방	• 빈곤층 대상 교육·훈련, 자활사업 • 드림스타트 • 고용상 연령차별금지
조건의 평등	• 기회의 평등과 연결 • 사회적 기회를 얻기 위한 경쟁의 출발상황을 평등하게 하기 위한 노력 • 적극적 조치(Affirmative Action), 긍정적 차별, 적극적 차별	• 장애인의무고용제 • 여성고용우대조치

핵심정리 자유

구분	개념	조지와 윌딩의 이념
소극적 자유 (우파 선호)	• 사람들 간의 상호작용 관계에서 다른 사람의 간섭 없이 자신의 의지대로 행할 수 있는 자유 • 복지에 대한 국가의 개입을 자유의 침해로 간주	반집합주의(신우파) 소극적 집합주의 (중도노선)
적극적 자유 (좌파 선호)	• 자신이 원하는 것을 할 수 있는 자유 • 복지에 대한 국가의 개입을 적극적 자유의 확대로 간주 • 개인에게 필요한 자원이나 기회가 박탈되는 것을 자유의 침해로 간주	페이비언사회주의 (사회민주주의) 마르크스주의

🔒 **정답 ②**

02 사회복지실천의 역사에 관한 설명으로 옳지 않은 것은? [제15회]

① 우애방문자들은 빈곤가정을 방문하면서 상담 및 교육, 교화를 하는 역할을 수행하였다.
② 우애방문자들은 빈민구제에 도덕적 잣대를 적용하여 빈민을 통제하고자 하였다.
③ 우애방문자들의 개입대상은 개인이나 가족이었다.
④ 자선조직협회는 연구와 조사를 통해 사회제도를 개혁해야 한다는 기본개념을 가졌다.
⑤ 인보관운동은 빈곤의 원인을 산업화의 결과로 보았다.

해설 **인보관운동**은 연구와 조사를 통해 사회제도를 개혁해야 한다는 기본개념을 가졌다. 인보관운동의 활동멤버들은 **사회조사를 통해 여러 가지 통계자료들을 구함으로써** 이를 **개혁입법에 활용**하였다.

■ 자선조직협회와 인보관운동 주요 내용

구분	자선조직협회(COS)	인보관운동
최초	1869년 런던 자선조직협회	1884년 토인비 홀
이데올로기	사회진화론, 보수주의, 자유방임주의 (전통적 자유주의)	급진주의(사회제도 개혁 주장), 진보주의, 기독교사회주의
주도인물	로크, 옥타비아 힐	바네트, 토인비
주활동층	신흥자본가들, 사회중산층(※ 주로 상류층)	엘리트 청년들(※ 주로 중류층)
빈곤관	개인적 관점(빈민의 책임)	사회구조적 관점(국가의 책임)
활동방향	개인의 변화 (빈민 개조와 역기능의 수정)	사회개혁 (빈민과의 거주, 사회질서 비판, 입법)
목적	빈민구제	
	• 환경조사(사례조사)와 적절한 원조의 제공 • 중복구호 방지를 위한 자선활동의 조정	• 빈민의 교육과 문화발전 • 빈민의 생활환경에 관한 정보와 긴밀한 사회적 욕구 파악 • 사회·건강문제 및 사회입법에 대한 일반국민의 관심 촉구
주요 내용 및 의의	• 조사 ⇨ 등록 ⇨ 협력·조정 • 구제받을 가치가 **있는** 빈민과 **없는** 빈민을 구분 • 개인의 도덕적 의무 강조 ⇨ 공공의 구빈정책 반대 • **우애방문원**에 의한 면밀한 환경조사 ⇨ 빈민에 대한 과학적 조사에 있어서 선구적 역할 • 무질서했던 구제사업을 **조정·합리화** ⇨ 자선활동을 전문적 사회사업으로 승화 • 사회사업가 훈련, 유급사회사업가 고용배치 확대 • 비판: 보수적, 스티그마 유발	• 3R : 거주(Residence) ⇨ 조사(Research) ⇨ 개혁(Reform) • 슬럼지역으로 들어가 빈민들과 함께 거주하면서 빈곤문제 조사 ⇨ 사회조사에 의한 통계자료를 법률제정에 활용 • 교육사업, 인보관 설립 • 입법운동: 박애보다는 (상대적으로) 법규를 더 중요시 여겨 **사회개혁**에 영향
영향	**전문**사회복지, **개별**사회사업, **가족**복지	**일반**사회복지, **집단**사회사업, **사회보장**제도, **임파워먼트**모델
	※ 지역사회복지(또는 지역사회조직사업), 사회조사	

정답 ④

03 1942년 베버리지보고서에서 구상한 복지국가 모형의 특징이 아닌 것은? [제15회]

① 빈곤계층을 대상으로 하는 선별적 복지를 강조한다.
② 정액부담과 정액급여의 원리를 바탕으로 한다.
③ 베버리지는 결핍(궁핍), 질병, 무지, 불결, 나태를 5대 악으로 규정한다.
④ 정액부담의 원칙은 보험료의 징수와 관련한 행정비용을 절감할 수 있는 효과가 있다.
⑤ 노령, 장애, 실업, 질병 등과 같은 사회적 위험들을 하나의 국민보험에서 통합적으로 운영한다.

해설 ■ 베버리지 보고서(사회보장·사회보험)의 3대 원리 📝 표·평·국
1) **포괄성의 원리** : 사회보험 대상의 위험을 포괄하고 사회보험의 조직형태를 일원화하는 것과 함께 이것을 **전 국민에게 적용하는 보편주의를 채택**하는 것으로, 세 가지 원리 가운데 가장 혁신적인 원리라고 할 수 있다.
2) **평등성의 원리** : 모든 국민에게 **균일 기여**와 **균일 급여**를 적용하는 Flat주의를 말한다.
3) **국민최저수준의 원리** : 다른 자산이 없어도 최저생활이 가능할 수 있는 **최저생활보장의 급여수준**을 설정하는 것을 말한다.

■ 베버리지 보고서의 6대 원칙 📝 급·적·분·통·포·기
1) **급여의 균일성(균일급여·동일급여·정액급여·최저생활 급여의 균일)** : 실업이나 질병, 퇴직 등으로 인한 보험급여는 급여를 받는 사람의 이전 근로소득의 고하에 관계없이 모든 사람에게 동일하게 제공되어야 한다는 원칙이다. 이 원칙은 사회보장의 기본 목표가 소득상실 이전의 생활수준을 계속 유지해 주는 데 있는 것이 아니라 기본적 필요를 만족시키는 최저생활을 확보해 주는 데 있기 때문이며, 그와 같은 이유로 해서 실업급여, 질병급여, 퇴직연금 등의 급여액을 모두 동일하게 하였다. 다만, 업무상 재해나 질병으로 인한 경우는 예외로 취급하여 이에 대한 급여는 한정된 범위 내에서 소득에 연계되도록 하였다.
2) **기여의 균일성(균일갹출·동일갹출·균일기여·정액기여)** : 소득의 고하에 관계없이 누구나 정액(균일)의 기여를 해야 한다는 것이다. 이 원칙은 첫 번째 원칙이 받아들여진 이상 형평의 논리에 의해 당연히 따라오게 된 것으로, 부유한 사람이든 가난한 사람이든 모두가 동일하게 내고 동일하게 받아야 한다는 정신에 입각하고 있다.
3) **행정책임의 통합화(관리책임의 통일화)** : 이 원칙은 기존의 사회보험과 그에 관련된 각종 사업들이 중앙부처, 지방당국, 수많은 공제조합들에 의해 운영됨에 따라 각 기관마다 상이한 원칙과 절차에 의해 업무처리가 되고 자금과 노력의 낭비가 많은 상황에서 기존의 복잡하고 산만한 사회보험을 하나의 통일된 체계로 통합하고, 행정비용의 낭비를 최소화하기 위한 원칙이다.
4) **급여의 적절성(충분한 급여·적정 급여)** : 사회보험의 급여가 그 액수나 기간에 있어서 충분한 정도로 제공되어야 한다는 것이다. 이 원칙은 최저생활비로서 급여를 타당하게 할 것, 즉 수급자의 기본적인 욕구를 충족시킬 수 있을 정도의 급여가 이루어져야 함을 의미한다.
5) **적용범위의 포괄성(포괄화)** : 자영자를 포함한 포괄적 사회보험을 제안하고, 빈곤의 원인이 되는 일체의 사고를 포괄한다.
6) **대상(피보험자)의 분류화** : 인구층을 피용자(= 고용근로자), 자영인(= 상업인), 가정주부(= 근로연령층에 속한 기혼부인), 기타 노동인구(= 임시직 또는 시간제 근로자), 취업 전 청소년(= 미성년자), 노동불능 고령자(= 노인)의 6개로 분류하고, 이들 모든 인구층의 욕구를 보장한다는 것이다. 이것이 바로 6개 대상층이다.

🔒 정답 ①

04 사회복지정책 발달이론에 관한 설명으로 옳지 않은 것은? [제19회]

① 사회양심론은 인도주의에 기초하고 있다.
② 음모이론은 사회복지정책을 사회안정과 질서유지를 위한 통제수단으로 보는 이론이다.
③ 확산이론은 한 지역의 사회복지정책이 다른 지역으로 전파되어 나간다는 이론이다.
④ 시민권론은 참정권, 공민권, 사회권 순으로 발전했다고 설명한다.
⑤ 산업화이론은 사회복지정책발달은 그 사회의 산업화 정도에 따라 결정된다고 보는 이론이다.

해설 시민권론은 **공민권, 참정권(정치권), 사회권** 순으로 발전했다고 설명한다.

핵심정리 문제에서 제시한 사회복지정책(또는 복지국가) 발달이론

사회양심 이론	• 인간의 **이타주의적** 본능(자비심·사랑의 마음) 강조 ⇨ 국가의 활동을 **동정·인도·박애주의적** 관점으로 파악 • 사회질서에 있어서 **도덕성**을 최우선의 신념으로 삼음 • 사회복지를 **사회진화론적 관점**에서 파악, 낙관적 시각
음모이론	• **사회통제이론** ⇨ 피븐과 클라우드의 **빈민규제론**이 대표적(노동규범·윤리를 강화하기 위한 국가의 대응) • 인도주의나 사회적 인정 혹은 양심에 **반대**하는 입장 • 사회정책의 주목적을 **사회안정, 질서유지, 사회통제(지배질서 유지·강화)**로 봄 • 사회복지정책은 항상 진화만 되는 것이 아니라 언제든지 악화될 수도 있다고 봄
확산이론	• 한 나라의 사회복지정책이 다른 나라에 영향을 미친다는 데 초점을 둠 ⇨ **전파이론** • 한 나라에서 사회복지정책을 시작하게 되는 주된 이유가 선진복지국가의 경험에 있다고 봄 ⇨ **국제적 모방과정**(⇨ 이후 역확산도 인정함) • 사회보장제도의 발전과 국가의 지리적 위치 간에 밀접한 **상관관계**가 있다고 주장
시민권 이론	• **마샬**: 사회복지의 발달을 시민권의 발달 측면에서 설명 • **시민권**: 공동체의 완전한 성원에게 부여된 여러 가지 권리와 권력을 향유할 수 있는 지위 • **발달순서: 공민권(18세기)** ⇨ **정치권(19세기)** ⇨ **사회권(20세기)** • **사회권**(보편적 기준에 맞는 시민적 존재로서 생활을 누릴 수 있는 권리)**이 바로 복지국가의 이념적 기초**가 되었다고 주장 • 사회복지정책의 **제도적 모형**에 대한 이론적 근거 제공 • 자본주의의 불평등구조와 평등주의적 시민권 이념이 **양립할 수 있음**을 보여줌 • 사회권 확립을 통해 사회복지를 제도화시킴으로써 **사회적 연대성 제공**에 영향
산업화 이론	• 정치이념과 체제가 다를지라도 기술이 발전하여 산업화가 이루어지고 경제발전 정도가 유사하다면 사회복지발달 수준도 비슷하다는 입장, 즉 **산업화 정도 및 경제발전 수준이 사회복지의 발달수준을 결정**한다는 것 ⇨ **기술결정론, 산업화이론, 경제결정론, 수렴이론, 이념의 종말, 체제의 종언** • 산업화된 사회에서 발생하는 문제(욕구)에 대한 대응이 **산업화로 인해 가능해진 '자원'**을 통해 이루어진다고 봄

정답 ④

05 조지와 윌딩(George & Wilding)이 제시한 사회복지정책의 이념과 복지국가관의 연결이 옳지 않은 것은? [제11회]

① 신우파 – 복지국가를 자유로운 시장 활동의 걸림돌로 간주
② 마르크스주의 – 복지국가를 자본주의 체제를 강화하는 수단으로 간주
③ 페이비안 사회주의 – 복지국가를 통해 사회조화와 평등한 사회를 구현함으로써 궁극적으로 자본주의의 안정을 추구
④ 녹색주의 – 복지국가가 경제성장을 통해 환경문제를 유발하기 때문에 반대
⑤ 소극적 집합주의 – 복지국가를 사회안정과 질서의 유지에 필요한 것으로 간주하여 제한적으로 지지

해설 페이비안 사회주의(Fabial Socialism)는 복지국가를 통해 사회조화와 평등한 사회를 구현함으로써 **궁극적으로 사회주의로의 변화를 추구**한다. 즉, 복지국가를 궁극적으로 도달해야 할 사회주의로 가는 길에서의 한 단계로 본다. 따라서 사회복지에 있어서 공공부문의 역할이 절대적으로 강조되고, 민간부문의 역할은 최소화된다.

■ 조지와 윌딩(George & Wilding)의 4분법(1976)

구분	자본주의 옹호	사회주의 지향
복지정책에 긍정적	**소극적 집합주의** • 시장경제의 효율성을 유지하는 상태에서 시장실패에 대한 국가개입 인정 • 소극적 자유 강조	**페이비언사회주의** • 민주적 · 점진적 · 실용적 사회주의 • 복지국가는 사회주의로 가는 과정의 한 단계 • 적극적 자유 강조
복지정책에 부정적	**반집합주의** • 시장경제 적극 옹호 • 시장(복지)에 대한 국가개입 근본적으로 반대 • **3대 가치** : 자유, 개인주의, 불평등 • 소극적 자유 강조	**마르크스주의** • 혁명적 · 급진적 사회주의 • 복지국가는 자본주의를 살리기 위한 수단 (사회주의로 가는 길을 더 멀게 함) • 적극적 자유 강조

■ 조지와 윌딩(George & Wilding)의 6분법(1994)

이념		복지국가에 대한 입장	복지국가란?
우파	신우파	반대	자유시장의 걸림돌
	중도노선	제한적 지지	사회안정, 질서유지
좌파	사회민주주의	열광적 지지	사회조화, 평등한 사회실현
	마르크스주의	반대	자본주의 체제 강화
페미니즘		제한적 지지	여성 평등 지위 보장
녹색주의(생태주의)		반대	환경문제 조장

정답 ③

06 의료서비스를 국가가 주도적으로 실시해야 한다고 주장하는 근거로 옳지 않은 것은? [제12회]

① 의료서비스는 가치재(merit goods)의 성격을 갖는다.
② 수요자와 공급자 간에 정보의 비대칭성이 존재한다.
③ 역선택(adverse selection) 문제가 발생할 수 있다.
④ 도덕적 해이 현상이 발생할 수 있다.
⑤ 위험발생이 상호 독립적이다.

해설 복지국가의 필요성(⇨ 시장의 실패)

1) **사회복지재화의 공공재적 성격** : 일반적으로 공공재(또는 사회재·집합재)는 사유재와 달리 그 재화를 소비하는 데 있어 비경쟁적이고 비배타적인 성격을 갖는다. 공공재는 일단 그 재화가 제공되면 다른 사람들이 그 재화를 소비하는 데 드는 추가비용은 없고, 또한 그 재화를 사용하는 것을 막기도 어렵다. 즉, 일단 이러한 재화가 제공되면 사람들은 비용을 지불하지 않고도 혜택을 볼 수 있다(⇨ 무임승차 현상). 따라서 공공재적 성격이 강한 재화는 시장기제에서 효율적으로 제공되기 어렵다.

2) **외부효과** : 어떤 사람의 행동이 시장기제 밖에서 다른 사람의 복지에 영향을 주는 것을 말한다. 외부효과가 크면 클수록 시장기제에서는 자발적인 수급이 이루어지기 어렵기 때문에 국가의 개입이 필요하게 된다.

3) **불완전한 정보(또는 정보의 비대칭성)** : 일반적으로 어떤 재화가 시장기제에서 효율적인 배분이 이루어지기 위해서는 수요자와 공급자 모두 그 재화에 대한 충분한 정보를 갖고 효용을 극대화하는 합리적 선택이 있어야 한다. 따라서 어떤 재화에 대한 충분한 정보가 없는 경우에는 수요자가 원하는 재화를 제공하더라도 비효율적으로 이루어질 가능성이 매우 높기 때문에 이러한 것은 국가가 주도해서 제공하는 것이 보다 유리하다. 대표적인 예가 의료서비스 부분이며, 정보의 불완전성(비대칭성)이 심하면 심할수록 자원배분의 효율성은 크게 손상된다. 이러한 정보의 불완전 현상은 역의 선택과 도덕적 해이의 문제를 초래한다.

4) **역의 선택** : 불완전한 정보에서 발생하는 현상으로, 민간시장에서 미래에 발생할 위험에 대비한 개별보험이 성립되기 어려운 이유이다. 일반적으로 질병, 부상, 실업 등과 같은 위험에 대비한 보험을 민간보험회사에서 개별적으로 판매할 경우, 위험발생 가능성이 높은 사람들만 집중적으로 보험에 가입하게 되는 역선택의 문제가 발생한다.

5) **도덕적 해이** : 불완전한 정보 때문에 민간시장에서 미래에 발생할 위험에 대비한 보험이 제공되기 어려운 또 하나의 이유는 이른바 도덕적 해이현상 때문이다. 일반적으로 사람들은 어떤 위험에 대비한 보험에 가입하게 되면, 그리고 그 위험이 실제로 발생해도 그에 따른 신체적 또는 심리적 손해가 크지 않다면, 보험에 가입하기 전보다 그러한 위험발생을 예방할 행위를 적게 할 동기가 부여되어 결과적으로 위험발생률은 증가하게 된다.

6) **위험발생의 상호의존** : 어떤 위험의 발생이 상호의존적일 경우, 즉 어떤 사람의 위험발생과 다른 사람의 그것이 관련되어 있을 경우에는 이러한 재정안정이 이루어지기 어렵고 결국 민간시장에서는 이러한 위험에 대한 보험상품이 제공되기 어렵다.

7) **규모의 경제** : 규모의 경제가 존재하게 될 경우 큰 경제주체는 재화를 단위당 싼 가격에 만들어 팔 수 있기 때문에 시장을 지배하게 되고 결과적으로 비효율적인 자원배분이 이루어지게 된다. 따라서 이러한 경우는 국가가 개입하여 이러한 규모의 경제효과가 큰 재화를 제공하는 것이 사회적으로 바람직하다.

※ **가치재(메리트재)** : 소득 수준에 관계없이 모든 사람에게 필요한 것으로 간주하는 재화 또는 서비스

🔒 정답 ⑤

07 할당의 원리에 관한 설명으로 옳지 않은 것은? [제12회]

① 귀속적 욕구의 원리에서 욕구는 규범적 기준에 의해 정해진다.
② 공헌 혹은 피해 집단에 속하는가에 따른 할당은 보상의 원리에 해당한다.
③ 진단적 구분은 재화 혹은 서비스의 필요성에 대한 전문가의 판단에 의존한다.
④ 귀속적 욕구의 원리는 보편주의보다는 선별주의 할당원리에 가깝다.
⑤ 자산조사 원리는 욕구에 대한 경제적 기준과 개인별 할당이라는 두 가지 조건에 근거한다.

해설 귀속적 욕구(부여된 욕구)는 할당의 4가지 세부원칙 중 **보편주의** 원리에 가장 가깝다.

■ **할당의 세부원칙(Gilbert & Specht or Gilbert & Terrell)** 📝 자·진·보·귀
1) **귀속적 욕구** : 귀속적 욕구에 기초한 수급자격은 현재의 사회적 또는 경제적 제도하에서 충족되지 않는 **공통적 욕구를 가진 사람들의 집단에 속하는가의 여부**에 따라 주어진다. 이 원칙하에서 '욕구'는 규범적 기준에 의해서 정의된다. 따라서 이 원칙을 결정하는 두 가지 조건은 **집단 지향적 할당, 욕구의 규범적 기준**에 근거한다.
2) **보상** : 보상에 기초한 수급자격은 **국가유공자나 사회보험 가입자와 같이 사회적, 경제적으로 기여를 한 사람들** 또는 **인종차별이나 성차별의 희생자와 같이 사회의 부당한 행위에 의해 피해를 입은 사람들**을 대상으로 하여 주어진다. **집단 지향적 할당, 형평을 위한 규범적 기준**에 기초한다.
3) **진단적 구분(진단적 차등·진단적 차별화·등급분류)** : 진단적 차등에 기초한 수급자격은 **신체적 또는 정신적으로 결함이 있는 경우와 같이 전문가가 특별한 재화 혹은 서비스가 필요하다고 판단을 내리는 개인**을 대상으로 하여 주어진다. **개인적 할당, 욕구의 기술적 진단**에 기초한다.
4) **자산조사 욕구** : 자산조사 욕구에 기초한 수급자격은 **재화나 서비스를 살 수 없는 개인**을 대상으로 하여 주어진다. 이러한 자산조사 욕구는 **주로 개인의 경제적 여건, 즉 빈곤의 정도와 결부**되어 있다. **개인적 할당, 욕구의 경제적 기준**에 기초한다.

귀속적 욕구	• **집단지향적 할당, 욕구의 규범적 기준**에 근거 • 예 무상보육, 의무교육, 아동수당 등
보상	• **집단지향적 할당, 형평을 위한 규범적 기준**에 근거 • 예 사회보험가입자, 국가유공자 / 성·인종차별 피해자
진단적 구분	• 진단적 차등·진단적 차별화·등급분류 • **개인적 할당, 욕구의 기술적 진단**에 근거 • 예 장애인복지서비스, 치매·중풍노인 간병서비스 등
자산조사 욕구	• **개인적 할당, 욕구의 경제적 기준**에 근거 • 예 각종 공공부조제도

🔒 정답 ④

08 사회복지급여의 하나인 증서(voucher)에 관한 설명으로 옳지 않은 것은? [제16회]

① 현금급여에 비해 목표달성에 효과적이다.
② 현물급여에 비해 소비자의 선택권이 낮다.
③ 현물급여에 비해 공급자 간 경쟁을 유도하는데 유리하다.
④ 공급자가 소비자를 자의적으로 선택하는 현상이 발생할 수 있다.
⑤ 현물급여에 비해 서비스에 대한 충분한 정보접근이 이루어져야 한다.

해설 현금급여와 현물급여의 중간적 성격을 가지고 있는 증서(바우처·상환권·이용권, voucher)는 **현물급여에 비하면 소비자의 선택권이 높고, 현금급여에 비하면 낮다.**

핵심정리 사회복지정책 급여형태

	현금급여	현물급여

특성 및 장점	• 교환가치 강조
	  예 사회보험의 연금, 공공부조의 생계급여 등
	• 개인주의적 가치에 기반
	• 개인의 자유와 선택 중시 ⇨ 인간의 존엄성·소비자 주권·선택의 자유·자기결정권 존중
	• 스티그마 감소
	• 수급자와 업무담당자 모두 편리
	• 행정(관리)비용 절감 ⇨ 운영효율성↑
		• 사용가치 강조
		  예 의료서비스, 교육서비스, 쌀, 피복 등
		• 집합주의적 가치에 기반
		• 집합적 선(collective good) 중시
		• 소비행위에 대한 사회적 통제 강조(목적 외 사용 통제) ⇨ 목표효율성↑
		• 대량생산과 분배 ⇨ 자원낭비↓
		• 대상효율성↑
		• 정치적 측면에서 선호(납세자 입장)

단점	• 목표(용도) 외 사용 통제 곤란(또는 불가능) ⇨ 목표효율성↓ • 대상효율성↓	• 선택의 자유 제한 • 스티그마 증가 • 관리비용↑ ⇨ 운영효율성↓
바우처	* 이용권·증서·상환권(예 미국의 Food Stamp, 사회서비스 바우처 등) • 현금과 현물의 장점은 살리고 단점은 보완한 방식 ⇨ (중간적 성격) ⇨ 일정 용도 내에서 자유롭게 선택(단, 주된 급여형태로는 잘 사용×) • 경쟁 유발 ⇨ 재화나 서비스의 질적 향상 및 가격 인하에 기여 • 최근 바우처 형태의 급여, 특히 전자바우처 방식의 사회서비스 확대 　- 서비스 이용자의 선택권 보장 　- 서비스 제공자(공급자)의 도덕적 해이 방지 　- 금융기관 시스템을 활용함으로써 재정 흐름의 투명성 향상에 기여 • 서비스 제공자가 소비자를 자의적으로 선택하는 현상이 나타날 수 있음	
기회	• 사회 불이익집단(또는 국가나 사회에 공헌을 한 집단)들에게 진학, 취업 등에 유리한 조건 적용(노동시장의 경쟁에서 불리한 요소 제거) • 과거의 부정적 차별을 보상하는 차원의 적극적 차별(긍정적 차별·적극적 조치) 적용	
권력	• 정책결정과정에 급여대상자를 참여시킴 ⇨ 그들의 이익 반영	

정답 ②

09 사회복지 공공재원에 관한 설명으로 옳지 않은 것은? [제23회]

① 조세는 다른 재원에 비해서 평등을 구현하는데 용이하다.
② 사회보험료는 소득세에 비해 상대적으로 조세저항이 약하다.
③ 사회보험료는 조세와 비교해 상대적으로 소득재분배 효과가 약하다.
④ 소득세 누진성이 낮을수록 재분배효과가 크다.
⑤ 조세는 재원의 안정성과 지속성이 가장 강하다.

✱ 박문각 가채점 정답률 69.2%

해설 소득세 누진성이 **높을수록** 재분배효과가 크다.

■ 재원체계

공공부문	일반세 (일반예산)	• 소득세 : 법인·개인(누진율, 비중 매우 大 ⇨ **소득재분배 효과 가장↑**) • 소비세 : 일반소비세(비례세 ⇨ **역진적**)·개별소비세 • 부세 : 재산세·상속세·증여세
	목적세	• 사용범위 제한
	조세감면	• 조세비용·조세지출 • **운영효율성 향상 / 역진적**
민간부문		• 민간부문 재원의 공통점 : **정부부담 감소 / 역진적** • 종류 : 사용자부담(이용료), 자발적 기여, 직업복지(기업복지), 가족 간 이전

🔒 정답 ④

10 사회복지정책결정모형 중 합리모형에 관한 설명으로 옳은 것은? [어쌤 출제]

① 정책 목표와 수단 간에 조정이 이루어질 수 있다고 본다.
② 정책결정을 체계론적 시각에서 파악하며, 그 과정을 3단계 18개 국면으로 구분한다.
③ 정책결정과정을 기본적 결정과 세부적 결정으로 구분한다.
④ 인간의 전능성을 전제로 하며, 매몰비용(sunk cost)의 문제가 있을 경우 적용하기 곤란한 한계를 갖고 있다.
⑤ 복잡하고 혼란한 상황 속에서 사회복지전문가가 정책결정을 위해 어떻게 해야 할 것인지에 대해 시사점을 준다.

해설 틀린 내용을 맞게 연결하면 다음과 같다.
① 정책 목표와 수단 간에 조정이 이루어질 수 있다고 본다. ⇨ **점증모형**
② 정책결정을 체계론적 시각에서 파악하며, 그 과정을 3단계 18개 국면으로 구분한다. ⇨ **최적모형**
③ 정책결정과정을 기본적 결정과 세부적 결정으로 구분한다. ⇨ **혼합모형**
⑤ 복잡하고 혼란한 상황 속에서 사회복지전문가가 정책결정을 위해 어떻게 해야 할 것인지에 대해 시사점을 준다. ⇨ **쓰레기통모형**

핵심정리 정책결정모형

합리모형	• 고도의 합리성·완전한 합리성·인간의 전능성 전제, 경제적 합리성 추구 • 포괄적·총체적·체계적 대안 탐색·분석, 수리적·연역적 분석, 비용과 편익을 계량적으로 분석 (⇨ 비용 최소화, 결과 극대화 추구), 전체적 최적화 추구, 최선의 정책대안을 찾을 수 있다고 봄 • 이상적·비현실적, 매몰비용의 문제
만족모형	• 제한된 합리성, 제한된 대안 탐색, 만족스러운 대안 선택 • 보수적·반쇄신적(< 점증모형), '만족'에 대한 객관적 판단기준이 없음
점증모형	• 비합리성, 정치적 합리성, 과거 정책에 기반한 약간의 수정·보완·개선, 부분적 최적화, 보수적 성격, 정책목표와 수단의 조정, 참여자들 간 합의 및 이해관계의 타협과 조정 중시 • 정치적으로 실현 가능한 임기응변적 정책 모색에 치중(강자에게 유리 ⇨ 형평성·불평등 문제 발생 可) • '점증'에 대한 확고한 기준이 없음, 보수주의적·반쇄신적·임기응변적 성격 강함
혼합모형	• 종합적 합리성 = 합리모형(기본결정) + 점증모형(세부결정), 사회조직원리 • 두 개의 대립되는 극단적 모형들을 단순히 혼합·절충한 것에 불과 ⇨ 현실적으로 적용 가능한가에 대한 비판
최적모형	• 경제적 합리성과 초합리성(직관력·판단력·창의력·통찰력)을 바탕으로 하는 질적 모형(양적·질적 분석 동시 고려) • 정책결정을 체계론적 시각에서 파악, 정책결정과정을 3단계 18개 국면으로 구분 • 초합리성 강조 시 ⇨ 신비주의에 빠질 우려, 주먹구구식 정책결정에 대한 변명거리로 사용될 가능성
쓰레기통 모형	• 조직화된 무정부·무질서 상태(매우 복잡하고 혼란한 상황 또는 조직의 목표가 모호하고 기술이 막연한 상황) 속에서 나타나는 몇 가지 흐름에 의해 우연히 정책결정 • 정책결정과정에 있어 사회복지전문가의 역할 시사

🔒 정답 ④

사회보험의 특성에 관한 설명으로 옳은 것은? [어썜 출제]

① 빈곤문제에 대한 사후적 성격이 강하다.
② 개인적 형평성을 지향하는 제도이다.
③ 시혜적 성격으로서 수급권이 보호된다.
④ 반드시 재정의 완전적립이 이루어져야 한다.
⑤ 주로 개인의 의사와는 무관하게 적용된다.

해설 ①과 ③은 **공공부조**의 특성에 관한 내용이고, ②와 ④는 **민간보험(민영보험 · 사보험)**의 특성에 해당된다.

비교정리 사회보험과 민간보험

사회보험	민간보험(민영보험 · 사보험)
강제적 가입	자발적 가입
최저수준의 소득보장	개인의 의사와 지불능력에 좌우
법적 권리(가변성)	계약 권리(계약 준수)
사회적 적절성	개인적 형평성
정부 독점	자유 경쟁
비용지출 예측 곤란	비용지출 예측 용이
재정의 완전적립 불필요	재정의 완전적립 필요
평균적 위험 또는 소득 수준에 따른 차등보험료 부과	개별적 위험 또는 급여 수준에 따른 차등보험료 부과

비용지출 예측(재정예측성) 관련
민간보험(가장 용이) > 사회보험 > 공공부조(가장 곤란)

■ 공공부조의 원리와 실시원칙

공공부조의 기본원리	① 생존권 보장 ② 국가책임 ③ 최저생활보장 ④ 무차별평등(평등보장) ⑤ 보충성(생활의 개인책임에 기초 ⇨ 자산조사 실시) ⑥ 자립조장
공공부조 실시원칙	① 신청 및 직권급여(선신청 후직권) ② 급여기준 및 정도 ③ 필요즉응(개별처우) ④ 세대단위(가구단위) ⑤ 현금부조(현금급여) ⑥ 거택보호(주거보호)

🔒 정답 ⑤

12 빈곤과 소득불평등의 측정에 관한 설명으로 옳은 것은? [제22회]

① 반물량 방식은 엥겔계수를 활용하여 빈곤선을 추정한다.
② 상대적 빈곤은 생존에 필요한 생활수준이 최소한의 수준에 도달하지 못한 상태를 말한다.
③ 라이덴방식은 객관적 평가에 기초하여 빈곤선을 측정한다.
④ 빈곤율은 빈곤층의 소득을 빈곤선 수준으로 끌어올리는데 필요한 총소득을 나타낸다.
⑤ 지니계수가 1일 경우는 완전 평등한 분배 상태를 의미한다.

해설 틀린 내용을 바로잡으면 다음과 같다.
② **절대적 빈곤**은 생존에 필요한 생활수준이 최소한의 수준에 도달하지 못한 상태를 말한다.
③ 라이덴방식은 **주관적 평가**에 기초하여 빈곤선을 측정한다.
④ **빈곤 갭**은 빈곤층의 소득을 빈곤선 수준(또는 그 이상)으로 끌어올리는데 필요한 총소득(또는 총비용)을 나타낸다.
⑤ 지니계수가 1일 경우는 완전 **불평등**한 분배 상태를 의미한다. 한편 지니계수가 0일 경우 완전 평등한 분배 상태를 의미한다(⇨ **지니계수는 영등포**).

■ 빈곤 관련 개념
- **빈곤율** : 빈민이 전체인구에서(빈곤가구가 전체가구에서) 차지하는 비율
- **빈곤의 덫(함정)** : 빈곤선 이상으로의 소득상승을 기피하는 경향 ⇨ 계속 빈곤 상태(※ 보충성의 원리와 밀접한 관련)
- **빈곤 갭** : 빈곤선 이하의 사람들을 빈곤선 이상으로 올리는 데 필요한 총비용 또는 빈곤층의 소득을 빈곤선 수준으로 상향시키는 데 필요한 총소득
- **사회적 배제** : 빈곤을 포함한 다차원적 불리함(빈곤화에 이르는 역동적 과정 강조) ⇨ 빈곤을 단순히 소득결핍으로 이해하는 것은 협의적 관점이라고 비판하며, 근본적 책임은 정책결정과정에서 개인을 제외시키는 사회에 있다고 봄

■ 빈곤선 측정방법

객관적 방식	절대적 방식	• **전물량방식** : 라운트리방식, 마켓바스켓방식 • **반물량방식** : 음식물방식, 엥겔방식, 오샨스키방식
	상대적 방식	**타운젠드**방식(소득 이외의 측면도 고려, 상대적 박탈개념으로 빈곤 정의), **평균소득** 또는 **중위소득** 비율 등 ※ **상대적 빈곤율** : 소득이 중위소득의 50% 미만인 계층이 전체인구에서 차지하는 비율
주관적 방식		**여론조사(사회조사)** 방식, **라이덴** 방식 등

🔒 정답 ①

어쌤~ 감사합니다!

구분	시험과목		점수
2025년 제23회 사회복지사 1급(필기) – 사회복지사 1급			
1교시	사회복지기초	인간행동과 사회환경	24
		사회복지조사론	19
2교시	사회복지실천	사회복지실천론	23
		사회복지실천기술론	14
		지역사회복지론	21
3교시	사회복지정책과 제도	사회복지정책론	21
		사회복지행정론	19
		사회복지법제론	20
총점(200점 만점)			161
평균			80.5
시험결과			합격

50대인 제가 직장을 다니며 혼자 공부하여 1급을 취득한다는 것이 어려울 것 같아 여러 사이트를 둘러보며 1급 준비 강의들을 알아보던 중,
유튜브의 어쌤 강의를 듣고 "아! 내 취향이다!" 를 바로 느꼈습니다.

지루하고 장황하게 설명하는 타 사이트들에 비해,
포인트만 콕! 콕! 찍어 쏙! 쏙! 들어오게 만드는 어쌤의 강의를 바로 선택하게 되었습니다.
다만, 고민은 인강이냐, 실강이냐의 기로에서, 저의 성향을 잘 알기에 실강을 선택하였고, 그 선택의 결과가 합격이라는 영광을 안겨준 듯합니다.
어쌤... 감사합니다.

저의 합격에는
첫째, 닥치고 어쌤~
상대평가여도 어쌤이겠지만,
절대평가제도인 사회복지사 1급은 중요 포인트만 찍어주고,
될 때까지 강의해주시는 어쌤은 1급 시험의 바이블이 맞습니다.

둘째, 수업시간에는 무조건 이해를 해야 한다는 것이었습니다.
닥치고 암기이긴 하지만, 저는 이해를 해야 암기가 되는 성향이라 **수업시간에 최대한의 능력치로 이해와 암기를 위해 노력**했고, **나만의 암기도우미**를 만들어 보기도 하면서, 재미있는 것은 동기들과 나누기도 하며 암기력을 장기화시켰습니다. 그리고 **실강의 최대 장점**은, 이해가 안가는 부분을, 쉬는 시간에 어쌤께 질문을 하면, 바로 이해시켜주시는 점이었습니다.

셋째, **암기도우미와 법제 연도는 손등에 써서 수시로 보면서 암기**하는 것이었습니다.
직장에서 컴퓨터를 다룰 때나 어디서든 볼 수 있는 방법으로 손등에 암기법과 법제 연도를 적어 단순암기에 집중할 수 있었습니다. 동기들이 문신인 줄 알았다고 할 정도로 제 손등에는 암기법들이 적혀있었습니다.^^

넷째, 실강을 통해 친해진 동기들과의 동기부여가 있었습니다.
나태해질 때면 서로 으쌰으쌰하며 서로 응원해주고, **힘을 실어주는 동기들이 있었기에 즐거운 마음으로 끝까지 준비**할 수 있었습니다.

정신없는 2024년이었지만 무난하게 사회복지사 1급을 합격할 수 있게 안내해주신 어쌤께 다시 한 번 감사드리며, 다만... 고득점이 아니라 죄송할 따름입니다.
정말 죄송하고 감사합니다~~~

제23회 국가시험 합격수기 중 발췌

REGION 02 사회복지행정론

어대훈 Human-Welfare 사회복지사 1급

01 사회복지행정의 개념에 관한 설명으로 옳은 것은? [제23회]

① 정부조직만을 대상으로 한다.
② 조직의 효과성보다 효율성이 중요하다.
③ 정부 재정 외에 민간자원 활용은 배제한다.
④ 사회문제 해결과정에서 가치판단을 배제한다.
⑤ 사회복지정책을 서비스로 전환하는 과정이다.

★ 박문각 가채점 정답률 89.5%

해설 틀린 내용들이 모두 극단적 표현이거나 어느 한 쪽에 치우친 내용으로 문장을 만들었기 때문에 난도가 낮은 문제였다.

■ 사회복지행정의 개념과 특성

개념	협의	사회복지실천방법의 하나
	광의	사회복지정책을 서비스로 전환하는 과정의 총체적 활동
사회복지조직의 특성		① 클라이언트와 **직접 접촉**(대면관계) ⇨ **핵심적 활동은 직원과 클라이언트의 관계로 구성** ② 원료 = 인간 ⇨ **목표 모호**(불확실), 기술 불확실, 효과성 측정도구 부족(또는 객관적 척도 구성의 어려움) ③ **전문가와 사회적 환경에의 의존성** ④ **일선 직원(전문가)들의 재량 인정** ⑤ **도덕적·윤리적 정당성에 민감**

🔒 정답 ⑤

02 우리나라에서 나타난 2000년대 이후 사회복지행정의 변화에 대한 기술로 옳지 않은 것은?

[어쌤 출제]

① 사회복지사무소 시범사업이 진행되었다.
② 사회복지시설의 설치가 신고제로 전환됨과 동시에 평가제도가 법제화되었다.
③ 주민생활지원서비스 전달체계가 실시되었다.
④ 국민기초생활보장법의 개정을 통해 맞춤형 급여 체계가 실시되었다.
⑤ 지역사회복지협의체를 설치하고 지역사회복지계획을 수립하기 시작하였으며, 이후 지역사회보장계획으로 변경되었다.

해설 사회복지시설의 설치가 신고제로 전환됨과 동시에 평가제도가 법제화된 것은 **1997년의 사회복지사업법 개정내용**이다.

■ 1980년대 이후 사회복지행정 발달사 주요 내용

1983년	사회복지사(1·2·3급) 자격제도 법제화(사회복지사업법 개정) ⇨ 사회복지사 3급 폐지(**2017년 사회복지사업법 개정, 2019년 시행**) ⇨ 전문사회복지사제도 도입(2018년 사회복지사업법 개정, 2020년 시행)
1987년	5대 직할시에 사회복지전담공무원(당시 사회복지전문요원) 최초 임용(※ 서울특별시는 1988년에 최초 임용) ⇨ **2000년 별정직에서 일반직으로 전환**
1992년	사회복지전담공무원, 복지사무전담기구 법제화(사회복지사업법 개정) ※ **1995~1999년 보건복지사무소 시범사업 실시, 2004~2006년 사회복지사무소 시범사업 실시**
1997년	사회복지시설 설치관련 허가제에서 신고제로 전환, 개인도 설치 가능, 시설 설치 방해 금지, 시설 평가제도 및 사회복지사 1급 국가시험 법제화(사회복지사업법 개정)
1999년	국민기초생활보장법 제정(⇨ **2000년 시행**)
2003년	사회복지사 1급 국가시험 실시
2003년	지역사회복지협의체·지역사회복지계획 수립 법제화(사회복지사업법 개정, 지역사회복지계획수립 제1기 : 2007~2010년)
2006년	주민생활지원서비스 전달체계 실시(⇨ 2007년 3단계 완성)
2010년	사회복지통합관리망(행복e음) 구축·운영
2012년	희망복지지원단 구성(시·군·구청에 설치)
2014년	사회보장급여의 이용·제공 및 수급권자 발굴에 관한 법률 제정(⇨ **2015년 시행**) – 지역사회보장계획 수립, 시·도사회보장위원회, 지역사회보장협의체, 사회보장사무 전담기구, 사회복지전담공무원 등 규정 ⇨ **2017년** 읍·면·동 단위 지역사회보장협의체 신설
2015년	기초생활보장제도 '맞춤형 급여' 체계 시행(※ 2014년 국민기초생활보장법 개정)
2016년	읍·면·동 복지허브화 사업 개시(980개 읍·면·동 시범시행 시작) ⇨ **2018년 모든 읍·면·동에 맞춤형 복지팀을 설치하도록 하였고, 그 과정에서 지방의 주민센터 명칭을 행정복지센터로 변경)**
2019년	4개 광역자치단체에서 사회서비스원(지역사회 통합돌봄 등 사회서비스를 공공이 직접 제공하기 위해 설립한 기관) 시범사업 실시

정답 ②

사회복지전달체계의 주요 원칙들에 관한 설명으로 옳지 않은 것은? [제14회]

① 전문성, 통합성과 같은 전달체계 구축의 원칙들은 상호 영향을 줄 수 있다.
② 거리뿐만 아니라 서비스 이용비용도 접근성에 영향을 준다.
③ 책임성을 높이는 전략이 접근성을 높이기도 한다.
④ 서비스의 지속성을 높이려면 서비스 간 연계도 강화되어야 한다.
⑤ 비전문적 업무를 전문가가 담당하면 조직운영의 효율성을 높일 수 있다.

해설 비전문적 업무를 전문가가 담당하게 되면 **조직운영의 효율성을 저하시킬 가능성**이 높을 뿐 아니라 사회복지전달체계를 구축하기 위한 주요 원칙들 중 **전문성의 원칙에도 위배**된다.

■ 사회복지서비스 전달체계 구축원칙(남기민 & 최성재)   전·접·지·적·책·통·평·포

전문성	• 핵심적인 업무는 반드시 전문가가 해야 함 • 전문가 : 자격증 + 전문적 권위 + 자율적 결정권 + 책임성 ■ 그린우드의 5가지 전문직 속성 윤·문·식(의)·인·권 ① 체계적인 이론과 지**식**(전문지**식**) ② 전문적 **권**위 ③ 사회적 **인**정·승**인**(지역사회의 재가) ④ **윤**리강령 ⑤ 전문직 **문**화
적절성 (충분성)	서비스의 양·질·제공기간이 목표달성에 **충분**해야 함 ※ 대부분의 경우 수급자 입장에서는 만족스럽지 못함
포괄성	• 복잡한 욕구해결을 위해 **다양한 서비스를 제공**해야 함 • 포괄성 달성 방법 : 일반화접근, 전문화접근, 집단접근, 사례관리
통합성	복잡한 욕구해결을 위해 제공되는 다양한 서비스들이 **상호 유기적**으로 **연계**되어야 함
지속성	문제가 해결되는 동안 필요한 서비스가 중단없이 계속적으로 제공되어야 함
접근성	• 서비스를 쉽게 이용할 수 있도록 장애요인을 제거해야 함 • 접근성 장애요인 : 서비스 정보 결여(부족), 지리적·시간적·심리적 장애, 선정절차상의 장애, 자원의 부족 등
평등성	특별한 경우를 제외하고 성별, 연령, 소득, 재산, 지역, 종교, 지위 등에 **관계없이** 모든 국민에게 제공되어야 함
책임성	사회복지조직은 국가가 수행해야 할 역할을 위임받은 조직이므로 서비스 전달에 대하여 책임을 져야 함

정답 ⑤

04 사회복지조직 이론에 관한 설명으로 옳은 것을 모두 고른 것은? [제23회]

ㄱ. 과학적 관리론 : 직무에 관한 과학적 연구와 분석
ㄴ. 관료제이론 : 표준 운영 절차를 통한 합리성과 전문성 추구
ㄷ. 인간관계론 : 조직 내 인간을 심리적, 사회적 욕구를 가진 전인격적 존재로 파악
ㄹ. 상황이론 : 조직의 상황에 관계없이 효율성을 극대화할 수 있는 이상적 방법 추구

① ㄱ, ㄴ
② ㄷ, ㄹ
③ ㄱ, ㄴ, ㄷ
④ ㄴ, ㄷ, ㄹ
⑤ ㄱ, ㄴ, ㄷ, ㄹ

＊ 박문각 가채점 정답률 80.6%

해설 **상황이론**은 조직의 상황에 관계없이 효율성을 극대화할 수 있는 이상적 방법을 추구하는 것이 아니라 **모든 상황에 똑같이 적용될 수 있는 '최상의·최선의 방법', '가장 정확한 결정'이란 있을 수 없다고 주장**한다. 즉, 조직이 당면하고 있는 상황이 어떠한가에 따라 그에 대한 판단으로 적절한 결정을 내릴 수 있다는 것이다. 따라서 조직의 관리자가 상황이론을 활용할 경우 **조직을 둘러싸고 있는 정치·경제·사회·문화 변수 등을 고려**해야 한다. **조직이 환경, 즉 상황에 적합해야 효과적이므로 상황적합이론**이라고도 불린다.

핵심정리 고전이론과 인간관계론

		관료제 특성	장점	단점
고전이론	과학적 관리론 (Taylor)	· 육체적 능력 중시, **'시간과 동작 연구'** · 분업의 원칙, **엄격한 기획과 통제**의 관리 · 업무수행의 계량화, **성과에 따른 경제적 보상**(객관성과 공평성의 원칙)		
	관료제이론 (Weber)	권위의 위계구조	엄격한 지시 이행과 조정	의사소통 저해
		규칙과 규정	업무의 지속성·통일성 확보	경직성, 목표전치
		사적 감정 배제	합리성 확보	직원의 사기저하
		분업	전문성 강화	직무에 대한 권태
		경력 지향성	유인체계	연공과 업적 간의 갈등
	행정관리론 (Gulick 등)	· 분업·단순형태의 과업분류·통제의 통일 강조 · 최고관리자의 7대 기능 - POSDCoRB(귤릭)		
신고전이론	인간관계론 (Mayo)	· 조직 내에서의 '사회적 요소'에 관한 연구 & 결과 - 조직 내 성원 간의 관계, 비공식집단이 생산성에 큰 영향 - 근로자는 개인이 아니라 집단(조직)의 일원으로서 행동 - 비경제적(사회적·심리적·정서적) 요인 강조		

고전이론	인간관계론
· **X이론**적 인간관, 경제적 욕구 강조 · 기계적·합리적 인간, 기계적 능률성	· **Y이론**적 인간관, 사회적 욕구 강조 · 정서적·비합리적 인간, 사회적 능률성

공통점	· **폐쇄체계** · 기본가정(개인의 욕구충족 ⇨ 조직의 목표와 개인의 목표 일치) · 조직의 능률성(효율성) 향상 ⇨ 생산성 향상을 목표로 함

🔒 정답 ③

05 총체적 품질관리(TQM)에 관한 설명으로 옳지 않은 것은? [제15회]

① 고객중심 관리를 강조한다.
② 지속적인 서비스 품질향상을 강조한다.
③ 서비스 품질은 마지막 단계에 고려한다.
④ 의사결정은 자료분석에 기반한다.
⑤ 품질향상은 모든 조직구성원들의 헌신을 필요로 한다.

해설 총체적 품질관리(TQM : Total Quality Management)의 주요 원리
1) **서비스의 품질은 궁극적으로 고객이 결정**한다.
2) **서비스의 품질은 제공과정보다는 초기(계획)단계부터 고려**된다.
3) 서비스의 질이 떨어지는 변이(variation) 가능성을 사전에 방지하는 것이 고품질의 서비스 산출에 중요하다.
4) 고품질의 서비스는 개인의 노력보다는 조직의 다양한 직원들의 협력적 **활동의 결과**로 나타난다.
5) 투입과 과정에 대한 **지속적인 개선노력**이 질적 우월성을 가져온다.
6) 품질의 개선은 직원들의 적극적인 참여를 통해서 이루어진다.
7) 품질은 **전체 조직(구성원들)의 헌신과 사명감**을 필요로 한다.

핵심정리 현대적 조직이론

상황이론	• 모든 상황에 똑같이 적용될 수 있는 '최상의 · 최선의 방법', '가장 정확한 결정'이란 있을 수 없다고 주장 • 관리자는 조직을 둘러싸고 있는 정치 · 경제 · 사회 · 문화 변수 등을 고려해야 함 • 조직은 환경에 적응해야 효과적이므로 상황적합이론이라고도 함 • 어떠한 상황(환경)에 어떤 조직이 효과적이라는 일정한 원칙과 지침을 제공해 주는 데에는 **실패**
목표 관리제 (MBO)	• 조직성원의 활발한 참여 ⇨ 명확한 목표 설정 ⇨ 업무 수행 ⇨ 업적 측정 · 평가 • 목표 : 1년 이내의 **단기목표**, 구체적이고 **측정 가능**한 목표 • 장점 : 성원들의 동기부여, 직무만족 제고, 인적 자원의 효율적 활용 및 능력개발, 객관적 · 체계적 업적 평가, 관리의 효율성 도모 • 단점 : 양적 목표 설정의 어려움, 장기적 · 질적 목표에 소홀할 가능성
총체적 품질관리 (TQM)	• **고객만족(서비스 품질향상) = 제1의 목표** ⇨ 고객의 욕구에 따라 조직의 목표 설정 • **조직성원들의 광범위한 참여** ⇨ 지속적 · 장기적 · 전략적으로 품질관리 • 고객초점, 품질보증, **권한위임**, 조직책임, 지속개선 • 리더의 강력한 의지로 추진, **권력분배** 필수(구성원들의 참여활성화), 고객중심 관리, 지속적 학습과정, 총체적 관리과정
애드호크러시 이론	• 개념 : 특별한 문제해결, 새로운 프로젝트 추진 또는 변화가 많은 환경에 대응하기 위해 비교적 이질적인 전문가집단으로 구성되는 임시적(비일상적) · 탄력적 · 적응적 · 분권적 시스템(조직) • 형태 : task force, 행렬(matrix) 구조, 위원회 구조 등

🔒 정답 ③

06 조직 구성요소에 관한 설명으로 옳은 것은? [제22회]

① 집권화 수준을 높이면 의사결정의 권한이 분산된다.
② 업무가 복잡할수록 공식화의 효과는 더 크다.
③ 공식화 수준을 높이면 직무의 사적 영향력이 높아진다.
④ 과업분화가 적을수록 수평적 분화가 더 이루어진다.
⑤ 수직적 분화가 많아질수록 의사소통의 절차가 복잡해진다.

해설 틀린 내용을 바로잡으면 다음과 같다.
① **분권화** 수준을 높이면 의사결정의 권한이 분산된다.
② 업무가 **단순**할수록 공식화의 효과는 더 크다. (※ 이해가 잘 안 되면 주민등록 등·초본 발급 같은 단순 민원 업무를 떠올려 보세요!) 한편 **업무가 복잡할수록** 공식화 자체가 곤란해질 수 있고, 공식화를 하더라도 실제 업무적용에 있어 혼란이 가중될 수 있다.
③ 공식화 수준을 높이면 직무의 사적 영향력이 **낮아진다**. 다시 말해서, 공식화 수준을 높이면 직원의 재량권이 줄어든다.
④ 과업분화가 **많을수록** 수평적 분화가 더 이루어진다.

■ **조직구조 관련 개념**

공식화	조직의 정책·규칙·직무수행과정 등을 표준화·명문화하는 것 ① 공식화는 조직성원들의 업무 편차를 줄이는 데 효과적이다. ② 조직의 규모가 커질수록 공식화 정도가 높아진다. ③ 공식화 정도가 높을수록 직원의 재량권이 줄어든다. ④ 업무가 단순할수록 공식화의 효과가 더 크다.
복잡성	조직의 수직적·수평적 분화의 수준 ① **수직적 분화** : 조직 내 계층의 수 ⇨ 수직적 분화가 많아질수록 의사소통 절차가 복잡해진다. ② **수평적 분화** : 동일 계층(수준)에서 상이한 부서의 수 ⇨ 과업의 종류가 많을수록(과업의 분화가 많을수록) 수평적 분화가 늘어난다.
집권화	의사결정의 공식적 권한이 상부에 집중되는 것 ⇨ 집권화 정도가 높을수록 최고관리자에게 조직의 통제권한이 집중된다.
분권화	의사결정의 공식적 권한이 분산되거나 이양되는 것 ⇨ 분권화 수준을 높이면 의사결정 권한은 분산되고, 하위부서의 재량권을 강화할 수 있으며, 직원들의 자발적 협조를 유도할 수 있다. 반면, 직원들의 권한과 책임 범위는 모호해진다.

🔒 정답 ⑤

리더십에 관한 설명으로 옳은 것을 모두 고른 것은? [어쌤 출제]

> ㄱ. 블레이크와 머튼(Blake & Mouton)의 관리격자 이론에서 생산에 대한 관심은 낮으나 인간에 대한 관심이 높은 유형은 컨트리 클럽형이다.
> ㄴ. 퀸(Quinn)의 경쟁가치이론에서 목표달성형 리더십은 인적자원 개발을 목표로 한다.
> ㄷ. 변혁적 리더십은 개인적 관심보다는 보다 높은 차원의 도덕적 가치와 이상에 호소한다.
> ㄹ. 자율적 리더십은 성원들이 스스로 프로그램의 목표를 세우고 계획을 수립하는 형태로, 특정 과업의 해결을 위한 전문가중심 조직에 적합한 리더십이다.

① ㄱ, ㄴ   ② ㄱ, ㄹ
③ ㄱ, ㄷ, ㄹ   ④ ㄴ, ㄷ, ㄹ
⑤ ㄱ, ㄴ, ㄷ, ㄹ

해설 퀸(Quinn)의 경쟁가치이론에서 **인적자원 개발을 목표로 하는 것은 동기부여형(또는 인간관계형)** 리더십이다. 한편 동기부여형 리더십과 상반된 가치를 추구하는 목표달성형 리더십은 조직의 생산성 극대화를 위한 통제와 규율 위주의 공식적 리더십을 추구한다.

핵심정리 리더십 이론(문제 번호 순)

관리격자이론	생산에 대한 관심 : 인간에 대한 관심 ⇨ 무기력형(1-1, 무관심형), 컨트리클럽형(1-9, 호인형·친목형), 과업형(9-1, 강제형), 중도형(5-5), 팀형(9-9, 단합형)		
퀸의 경쟁가치이론		내부	외부
	유연성	**동기부여(인간관계형)** • 조직성원 중시 • **목표** : 인적자원 개발 • 유연한 구조 중시, 팀워크 강조	**비전제시형(개방체계형)** • 조직 그 자체를 중시 • **목표** : 자원 확보와 조직의 성장 • 조직활동의 유연성 강조
	통제	**분석형(내부과정형)** • 조직성원 중시 • **목표** : 안정성과 균형 • 구조화된 통제 위주의 리더십 추구	**목표달성형(합리목표형)** • 조직 그 자체를 중시 • **목표** : 생산성과 능률성 • 통제 위주의 공식적 리더십 추구

거래적 리더십과 변혁적 리더십	
거래적(교환적) 리더십	변혁적 리더십
구성원의 **이기적·개인적 관심**에 호소	보다 높은 차원의 **도덕적 가치와 이상**에 호소
보상(보수, 지위 등)과 같은 교환관계 중시	구성원들에 대한 **동기부여와 자아실현** 중시
구성원의 **역할과 임무 명확히 제시** ⇨ 순종 강조 ⇨ 성과에 따른 적절한 **보상** 강조	**구성원들에 대한 권한부여** 강조 ⇨ 궁극적으로 조직의 목적달성을 위한 **과업수준 향상** 지향

핵심정리 리더십의 유형(Carlisle)

지시적 리더십	• 독선적 리더십, 명령과 복종 강조 • 장점 : 통제·조정, 정책집행의 일관성, 신속한 결정(위기시 기여) • 단점 : 직원들의 사기 저하, 적대감, 소외감, 경직성 유발
참여적 리더십	• 민주적 리더십, 성원들의 의사결정과정 참여 • 장점 : 동기부여, 사명감 향상, 정보교환 촉진 • 단점 : 시간 소요, 책임 분산 ⇨ 효율성↓, 활동성↓
자율적 리더십	• 위임적·방임적 리더십, 대부분의 의사결정권을 직원들에게 위임 • 전문가중심의 조직에 적합

정답 ③

08 예산 유형에 관한 설명으로 옳지 않은 것은? [제23회]

① 품목별 예산은 수입과 지출목록마다 예상되는 금액을 명시한다.
② 영기준 예산은 전년도 예산을 고려하지 않고 편성한다.
③ 기획예산제도(PPBS)는 장기적 기획과 단기적 예산 편성을 프로그램 작성을 통해 결합한다.
④ 프로그램 예산은 사업 목적보다 지출 품목을 강조한다.
⑤ 성과주의 예산은 '단위원가 × 업무량 = 예산액'으로 편성한다.

✱ 박문각 가채점 정답률 66.4%

해설 사업 목적보다 지출 품목을 강조하는 것은 **품목별 예산**이다.

■ **예산유형(예산편성방식)**

	지출대상(구입물품·서비스)에 따라 세부항목별로 예산편성, 투입 중심, 점증적 성격↑, 통제 지향 (효율성↓, 효과성↓)		
품목별예산 (LIBS)	품목	2025년	2026년
	소모품(계)	105,000,000원	110,500,000원
	사무용품	50,000,000원	53,000,000원
	식료품	43,000,000원	45,000,000원
	의약품	12,000,000원	12,500,000원
성과주의예산 (PBS)	사업을 기능별 또는 프로그램별로 구분(프로그램예산이라고도 함) ⇨ 다시 세부 프로그램으로 구분 ⇨ 각 프로그램의 단위원가와 업무량 계산(효율성↑, 효과성↓), 과정 중심, 관저 지향		
	프로그램(사업)	2026년	단위원가 × 업무량
	노인무료급식(계)	437,280,000원	
	경로식당	273,600,000원	4,000원 × 1식(중식) × 30일 × 12개월 × 190명
	식사배달	126,720,000원	4,000원 × 1식(중식) × 30일 × 12개월 × 88명
	밑반찬배달	36,960,000원	5,000원 × 2회 × 4주 × 12개월 × 77명
기획예산 (PPBS)	장기적 계획과 단기적 예산편성을 구체적인 프로그램 실행계획을 통하여 유기적으로 연결 ⇨ 프로그램계획과 예산의 통합(효율성↓, 효과성↑), 산출(결과) 중심, 계획 지향		
	서울시장 지시사항 – 5년 후 노인복지관 50개소 신설 & 사업개시		
	2026년	해야 할 일	소요예산
	2027년	해야 할 일	소요예산
	2028년	해야 할 일	소요예산
	2029년	해야 할 일	소요예산
	2030년	50개소 신설 & 사업개시 必!	소요예산
영기준예산 (ZBBS)	프로그램의 정당성을 매년 새로이 마련하며 다른 프로그램과의 경쟁적 기반 위에서 우선순위를 정하여 예산편성(효율성↑, 효과성↑)		

🔒 정답 ④

09 논리모델을 적용하여 치매부모부양 가족원 스트레스 완화 프로그램을 설계했을 때, 옳은 것을 모두 고른 것은? [제17회]

ㄱ. 투입 : 스트레스 완화 프로그램 실행 비용 1,500만원
ㄴ. 활동 : 프로그램 참여자의 스트레스 완화
ㄷ. 산출 : 상담전문가 10인
ㄹ. 성과 : 치매부모부양 가족원 삶의 질 향상

① ㄱ
② ㄱ, ㄹ
③ ㄴ, ㄷ
④ ㄷ, ㄹ
⑤ ㄴ, ㄷ, ㄹ

해설 프로그램 참여자의 스트레스 완화는 **성과**, 상담전문가 10인은 **투입** 요소다.

■ 프로그램과정의 논리모델(logic model)
1) **투입(input)** : 프로그램을 수행하기 위해 필요한 요소들로, 클라이언트와 관련된 요소, 직원과 관련된 요소, 물리적 자원 및 장비 등이 포함된다.
   예 이용자, 직원, 봉사자, 자금, 예산, 시설, 장비, 소모품 등
2) **전환(활동, throughput)** : 임무를 수행하기 위해 프로그램에서 투입으로 활동하는 것으로 **프로그램의 목표를 달성하기 위해 수행하는 일(활동)**을 말한다. 여기에는 서비스의 정의, 서비스 과업, 개입방법 등이 포함된다.
   예 상담, 직업훈련, 치료 및 교육, 보호, 클라이언트 대인관계 지도, 사회적응훈련, 재가서비스, 정보제공 및 의뢰 등
3) **산출(output)** : 프로그램 활동의 **직접적 결과물 및 양적인 실적** 등을 말한다.
   예 상담건수, 서비스 참여자 수, 서비스 제공시간, 식사 배달횟수, 배포된 교육자료 및 홍보지의 수, 교육 시행횟수, 지도한 집단의 수 등
4) **성과(outcome)** : 프로그램 활동 중 또는 활동 이후 참여자들이 얻은 이익 또는 혜택 등을 의미하는 것으로 **클라이언트의 지식, 태도, 기술, 가치, 행동, 상황조건, 지위 등의 변화**와 관련된 것이다.
   예 새로운 지식의 습득, 기술의 향상, 자격 취득, 태도 및 가치의 변화, 행동의 수정, 향상된 조건, 변화된 지위 등

정답 ②

10 소수의 이해관계자(12~15명 정도)를 모아 자유롭게 의견을 개진하고 토론하게 하여 문제를 깊이 파악할 수 있는 욕구조사 방법은? [제12회]

① 델파이
② 지역사회 공개토론회
③ 명목집단기법
④ 서베이조사
⑤ 초점집단조사

해설 이 문제에서 제시하고 있는 욕구조사 방법들의 핵심내용은 다음과 같다.

델파이 기법	• 주요 정보제공자 등 **전문가**들로부터 **우편(또는 이메일)**을 통해 **반복적으로 의견을 수합**하고 **집단적 통계분석**으로 처리하는 방법 • **무기명**으로 응답이 이루어지고 대면적 회의에서와 같은 **즉각적 피드백은 통제**됨
명목집단 기법	• **비교적 빠른 시간** 안에 다양한 배경을 가진 집단의 의견을 수렴하여 **욕구조사와 우선순위 결정**까지 하는 방법 • 지역주민, 주요 정보제공자, 서비스제공자, 해당 분야 전문가 등이 명목집단에 참여할 수 있음 • 참여자들이 한 자리에 모이기는 하지만, **상호 토론이나 비평은 하지 않음** • **각자 독자적으로 자신의 생각을 정리**하여 **목록 작성** ⇨ **한 사람씩 돌아가면서 발표** ⇨ 제시된 의견들에 대해 각자 독자적으로 **우선순위나 점수를 매김**(⇨ 일종의 무기명 투표) • **욕구의 내용**을 결정하는 것에 초점 ⇨ **욕구의 우선순위**에 대한 **합의가 이루어질 때까지 반복** (참여자들의 의사가 골고루 반영될 수 있음)
초점집단 기법	• 지역사회의 욕구나 집단의 이해관계를 가장 잘 나타낼 수 있는 **소수의 사람들을 한 장소에 모아 깊이 있게 의견을 듣는 방법**(※ 서베이의 한 방법으로 활용되기도 함) • 지역사회에서 발생하는 사건들의 맥락을 통해 욕구를 파악하고자 할 경우 보다 유용함 • 참여자들 간의 심도 있는 **토론**을 통해 **욕구가 발생한 배경, 욕구의 구체적인 내용, 복지서비스 수혜경험** 등을 파악할 수 있음 • 주로 개방형 질문을 통해 비교적 자유롭게 토론 진행 • 이야기하는 내용이 **주관적**이고 **자료 자체가 비체계적**일 수 있음 • 구성원이 잘못 선정될 경우 **대표성 문제 발생**
지역사회 공개토론회	• 주민들이 참여할 수 있는 공개모임을 통해 욕구 파악
서베이	• 전체를 대표할 수 있는 표본을 선정하여 설문지, 면접 등을 통해 자료를 수집하는 방법 • 주로 느껴진 욕구를 중심으로 (잠재적) 수혜자에게 직접 욕구 파악

정답 ⑤

11 델파이방법에 관한 설명으로 옳지 않은 것은? [제14회]

① 전문가 패널의 의견을 수렴하는 방법으로 활용된다.
② 외형적으로는 설문조사방법과 유사하다.
③ 연구자가 사전에 결정한 방향으로 패널의 의견이 유도될 위험이 있다.
④ 패널의 후광효과를 방지하기 어렵다.
⑤ 반복되는 설문을 통하여 패널의 의견이 수정될 수 있다.

해설 델파이는 **사회복지행정론뿐만 아니라 사회복지조사론과 사회복지정책론에서도 출제되는 내용**이다.
델파이방법은 우편 방식과 무기명 작성을 통해 익명성을 보장하고, 전문가 개개인의 의견을 집단적 통계분석에 의해 처리하므로 **패널의 후광효과는 발생하지 않는다**.

■ 델파이기법
1) **의의** : 어떤 문제에 대하여 전문가들의 합의점을 찾는 방법으로, 응답이 무기명(익명성 보장)이고, 대면적(face-to-face)인 회의에서와 같은 즉각적인 환류를 통제하며, 개인의 의견을 집단적 통계분석으로 처리하는 방법이다.
2) **과정**
  ① 일단(一團)의 전문가 선정
  ② 주요 관심사에 대한 설문지 작성
  ③ 설문지 우송
  ④ 회수된 응답내용을 합의된 부분과 합의되지 않은 부분으로 나누어 통계적으로 집계
  ⑤ 1차 분석의 결과에서 합의도가 낮으면 그 결과를 다시 응답자들에게 보내어 1차 분석의 결과를 참조한 각자의 의견 파악
  ⑥ 회수된 응답 재분석
  ⑦ 이러한 절차를 일정한 정도의 합의점에 도달할 때까지 반복 → 반복적인 설문(의견수합) 과정을 통하여 전문가의 의견이 수정될 수도 있다.
3) **장점**
  ① 익명성으로 인하여 특정인의 영향을 줄일 수 있다.
  ② 집단의 의견에 개인을 순종시키려는 집단의 압력을 줄일 수 있다.
  ③ 응답자의 시간을 효율적으로 이용할 수 있다. 즉, 전문가를 한 장소에 모으는 수고를 덜고 전문가가 자유로운 시간에 의견을 말할 수 있다.
  ④ 여러 전문가들의 의견을 비교·검토, 재검토할 수 있고, 광범위한 정보·지식을 얻을 수 있다.
  ⑤ 자료를 수합하고 정리하는 과정에서 연구자의 주관과 편견을 배제할 수 있다.
4) **단점**
  ① 반복적인 과정을 거치므로 전체적인 시간이 많이 걸린다.
  ② 극단적인 의견(소수 의견)은 판단의 합의를 얻기 위해 제외된다.
  ③ 연구자가 사전에 결정한 방향으로 전문가들의 의견이 유도될 가능성이 있다.
  ④ 조사 자료의 정리에 연구자의 편향이 발생할 가능성이 있다(※ 제21회 기출).
  ⑤ 전문가의 이해관계나 고집에 따라 비합리적으로 정보수집이 이루어질 가능성이 있다.

정답 ④

12. 사회복지평가의 유형에 관한 설명으로 옳은 것은? [제17회]

① 총괄평가는 주로 프로그램 개발을 목적으로 한다.
② 형성평가의 대표적인 예는 효과성 평가이다.
③ 총괄평가는 모니터링 평가라고도 한다.
④ 형성평가는 목표달성도에 주된 관심을 갖는다.
⑤ 총괄평가는 성과와 비용에 관심이 크다.

해설 틀린 내용을 바로잡으면 다음과 같다.
① **형성평가**는 주로 프로그램 개발을 목적으로 한다.
② **총괄평가**의 대표적인 예는 효과성 평가이다.
③ **형성평가**는 모니터링 평가라고도 한다.
④ **총괄평가**는 목표달성도에 주된 관심을 갖는다.

핵심정리 평가조사

평가의 목적 및 중요성	• 사회복지기관 운영의 책임성 이행 • 프로그램의 효과성, 효율성 등 검증 • 프로그램의 기획 및 개발에 필요한 지식과 정보 획득 • 사회복지서비스 전달체계의 개선 • 합리적인 자원배분 • 사회복지기관의 정체성 확립, 전문성 강화 • 이론 형성에 기여	
평가의 종류	평가목적 (평가시점)	• 형성평가: 개발 또는 진행 중 ⇨ 프로그램 개선 • 총괄평가: 종결 이후 ⇨ 전체적 의사결정
	평가주체	• 자체평가: 담당자 스스로 평가 • 내부평가: 기관 내 다른 사람이 평가 • 외부평가: 기관 외부 사람이 평가 ⇨ 객관성↑, 비용↑
	메타평가	• 평가의 평가 • 평가계획서 또는 완성된 평가에 대한 평가
	효율성평가	• 비용-편익 분석 • 비용-효과 분석
평가의 기준	• **노력성**: 활동의 양 • **효과성**: 목표달성 정도 • **효율성**: 투입과 산출의 비율 • **영향성**: 사회문제나 클라이언트의 변화에 미친 영향(파급효과) • **사회적 형평성**: 수직적 형평성·수평적 형평성 • **전문성(프로그램의 질), 접근성** 등	

정답 ⑤

REGION 03 사회복지법제론

어대훈 Human-Welfare 사회복지사 1급

01 우리나라 사회복지법 체계와 법원에 관한 설명으로 옳은 것은? [제23회]

① 성문법원의 종류로 관습법, 판례법, 조리가 있다.
② 시행령과 시행규칙은 국회의 의결을 거쳐 제정, 공포된 법원이다.
③ 시행령보다 시행규칙이 상위 법규범이다.
④ 대통령은 법률에서 구체적으로 위임받은 사항과 법률을 집행하기 위하여 필요한 사항에 관하여 대통령령을 발할 수 있다.
⑤ 정부는 법률안을 제출할 수 없다.

✱ 박문각 가채점 정답률 81.4%

해설 틀린 내용을 바로잡으면 다음과 같다.
① **불문법원**의 종류로 관습법, 판례법, 조리가 있다.
② **법률**은 국회의 의결을 거쳐 제정, 공포된 법원이다.
③ 시행령보다 시행규칙이 **하위** 법규범이다.
⑤ 정부도 법률안을 제출할 수 **있다**.

핵심정리 사회복지법의 존재형식(법원)

성문법	헌법	• 최상위법 / 국가의 기본조직, 통치작용, 기본권 등을 정한 국가의 기본법
	법률	• **국회의 의결**을 거쳐 대통령이 서명·공포함으로써 성립하는 법 • 법률안 제안권은 국회의원(10인 이상)과 정부에 있음
	명령	• 국회 의결을 거치지 **않고** 행정기관이 단독으로 제정하는 법규로서 자치법규에 속하지 **않는** 성문법원 • **긴급명령**의 경우 예외적으로 법률과 같은 효력을 가짐 • **대통령령(시행령)** : 대통령이 발하는 명령 • **총리령·부령(시행규칙)** : **국무총리나 각부 장관**이 소관 사무에 관하여 **법률이나 대통령의 위임 또는 직권**으로 발하는 명령
	자치법규	• 조례 : **지방자치단체**가 **법령의 범위**에서 **지방의회의 의결**을 거쳐 그 사무에 관하여 제정한 법 • 규칙 : **지방자치단체의 장**이 **법령 또는 조례의 범위**에서 그 권한에 속하는 사무에 관하여 정립한 법
	국제법	• 국가 간에 체결하는 법 ⇨ 조약, 협약, 의정, 약정, 규약, 헌장, 선언, 합의서 등 • 헌법에 의해 체결·공포된 조약과 일반적으로 승인된 국제법규는 **국내법과 같은 효력**을 가짐
불문법		관습법, 판례법, 조리 등

🔒 정답 ④

3과목 **사회복지정책과 제도**

02 조례와 규칙에 관한 설명으로 옳지 않은 것은? [제23회]

① 조례는 지방의회의 의결을 거쳐 제정한다.
② 규칙은 지방자치단체의 장이 제정한 법규범이다.
③ 지방자치단체는 법령의 범위에서 그 사무에 관하여 조례를 제정할 수 있다.
④ 시·군 및 자치구의 규칙은 시·도의 규칙보다 상위 법규범이다.
⑤ 조례는 규칙보다 상위 법규범이다.

✱ 박문각 가채점 정답률 89.9%

해설 시·군 및 자치구의 규칙은 시·도의 규칙보다 **하위** 법규범이다.

■ **대한민국헌법 제8장 지방자치**
  제117조 ① 지방자치단체는 주민의 복리에 관한 사무를 처리하고 재산을 관리하며, 법령의 범위 안에서 자치에 관한 규정을 제정할 수 있다.
  ② 지방자치단체의 종류는 법률로 정한다.

■ **조례와 규칙**
  1) **조례**: 지방자치단체가 법령의 범위에서 지방의회의 의결을 거쳐 그 사무에 관하여 제정한 법을 말한다. 조례는 해당 **지방자치단체가 관할하는 지역 안에서만 효력**을 가지며, **헌법이나 법률, 명령(시행령, 시행규칙)보다 하위법규**이다. 따라서 **상위법령에 모순되거나 위배되어서는 안 되며, 상위법령에 위반된 조례는 효력이 없다.**
  2) **규칙**: 지방자치단체의 장이 법령 또는 조례의 범위에서 그 권한에 속하는 사무에 관하여 정립한 법을 말한다. 조례와 규칙의 관계는 법률과 명령의 관계와 같이 상하관계에 있으므로 조례에 위배되는 규칙은 제정할 수 없다. 따라서 규칙은 조례와 마찬가지로 해당 **지방자치단체가 관할하는 지역 안에서만 효력**을 가지며, **상위법령(헌법, 법률, 시행령, 시행규칙)과 조례에 모순되거나 위배되어서는 안 된다.**

■ **지방자치법**
  제19조(조례의 제정과 개정·폐지 청구) ① 주민은 지방자치단체의 조례를 제정하거나 개정하거나 폐지할 것을 청구할 수 있다.
  제28조(조례) ① 지방자치단체는 법령의 범위에서 그 사무에 관하여 조례를 제정할 수 있다. 다만, 주민의 권리 제한 또는 의무 부과에 관한 사항이나 벌칙을 정할 때에는 법률의 위임이 있어야 한다.
  ② **법령에서 조례로 정하도록 위임한 사항**은 그 법령의 하위 법령에서 그 위임의 내용과 범위를 제한하거나 직접 규정할 수 없다.
  제29조(규칙) 지방자치단체의 장은 법령 또는 조례의 범위에서 그 권한에 속하는 사무에 관하여 규칙을 제정할 수 있다.
  제30조(조례와 규칙의 입법한계) 시·군 및 자치구의 조례나 규칙은 시·도의 조례나 규칙을 위반해서는 아니 된다.

🔒 정답 ④

헌법 규정의 내용 중 사회적 기본권으로 보기 어려운 것은? [제17회]

① 모든 국민은 신체의 자유를 가진다.
② 모든 국민은 근로의 권리를 가진다.
③ 모든 국민은 인간다운 생활을 할 권리를 가진다.
④ 모든 국민은 능력에 따라 균등하게 교육을 받을 권리를 가진다.
⑤ 모든 국민은 건강하고 쾌적한 환경에서 생활할 권리를 가진다.

해설 헌법상 기본권에는 인간의 존엄과 가치, 행복추구권, 평등권, 자유권, 정치권, 청구권, 사회권 등이 있으며, ①번 지문은 **자유권**에 해당한다. 한편 헌법상 기본권 중 **사회권(또는 생존권)**에 해당하는 대표적 규정으로는 **인간다운 생활을 할 권리(제34조), 교육권(제31조), 근로권(제32조), 근로3권(제33조), 환경권(제35조), 혼인 · 가족 · 모성 · 보건 · 보호권(제36조)** 등이 있으며, 그중에서도 가장 중요한 제34조는 다음과 같다.

- **대한민국헌법 제34조**
  ① 모든 국민은 인간다운 생활을 할 권리를 가진다.
  ② 국가는 **사회보장 · 사회복지**의 증진에 노력할 의무를 진다.
  ③ 국가는 **여자의 복지와 권익**의 향상을 위하여 노력하여야 한다.
  ④ 국가는 **노인과 청소년의 복지** 향상을 위한 정책을 실시할 의무를 진다.
  ⑤ 신체장애자 및 질병 · 노령 기타의 사유로 **생활능력이 없는 국민**은 **법률이 정하는 바에 의하여** 국가의 보호를 받는다(⇨ **공공부조**).
  ⑥ 국가는 **재해**를 예방하고 그 위험으로부터 국민을 보호하기 위하여 노력하여야 한다.

정답 ①

04. 법률과 그 제정연대의 연결이 옳은 것은? [제19회]

① 산업재해보상보험법, 장애인복지법 – 1970년대
② 사회복지사업법, 국민기초생활 보장법 – 1980년대
③ 고용보험법, 사회복지공동모금회법 – 1990년대
④ 국민연금법, 노인복지법 – 2000년대
⑤ 아동복지법, 국민건강보험법 – 2010년대

■ 문제에서 제시한 각 법률들의 제정연도는 다음과 같다.
  ① 산업재해보상보험법(1963년), 장애인복지법(1989년)
  ② 사회복지사업법(1970년), 국민기초생활 보장법(1999년)
  ③ 고용보험법(1993년), 사회복지공동모금회법(1999년)
  ④ 국민연금법(1986년), 노인복지법(1981년)
  ⑤ 아동복지법(1981년), 국민건강보험법(1999년)

■ 줄여주기의 신 어쌤이 정해주는 '필수 암기' 법률 제정연도

제정연대	제정연도	변경연도	법명
1960년대	1961	1981	아동복리법 ⇨ **아동복지법**
	1963		산업재해보상보험법
1970년대	1970		사회복지사업법
	1973	1986	국민복지연금법 ⇨ **국민연금법**
1980년대	1981	1989	심신장애자복지법 ⇨ **장애인복지법**
	1981		노인복지법
	1986		최저임금법
1990년대	1991		영유아보육법
	1993		고용보험법
	1995		사회보장기본법
	1997	1999	사회복지공동모금법 ⇨ **사회복지공동모금회법**
	1999		• 국민건강보험법 • 국민기초생활보장법
2000년대	2005		긴급복지지원법
	2007		노인장기요양보험법
	2007	2014	기초노령연금법 ⇨ **기초연금법**
	2008		다문화가족지원법
2010년대	2014		사회보장급여의 이용·제공 및 수급권자 발굴에 관한 법률

정답 ③

사회보장기본법상 용어의 정의에 관한 설명이다. ㄱ, ㄴ에 들어갈 용어로 옳은 것은? [제23회]

> (ㄱ) : 국민에게 발생하는 사회적 위험을 보험의 방식으로 대처함으로써 국민의 건강과 소득을 보장하는 제도
> (ㄴ) : 국가와 지방자치단체의 책임 하에 생활 유지 능력이 없거나 생활이 어려운 국민의 최저 생활을 보장하고 자립을 지원하는 제도

① ㄱ : 사회보험, ㄴ : 사회서비스 ② ㄱ : 사회보험, ㄴ : 공공부조
③ ㄱ : 공공부조, ㄴ : 사회보장 ④ ㄱ : 사회보장, ㄴ : 사회서비스
⑤ ㄱ : 사회서비스, ㄴ : 공공부조

* 박문각 가채점 정답률 93.1%

해설 **사회보장기본법 제3조(정의)** 이 법에서 사용하는 용어의 뜻은 다음과 같다.
1. "**사회보장**"이란 출산, 양육, 실업, 노령, 장애, 질병, 빈곤 및 사망 등의 사회적 위험으로부터 **모든 국민**을 보호하고 국민 삶의 질을 향상시키는 데 필요한 소득·서비스를 보장하는 **사회보험, 공공부조, 사회서비스**를 말한다.

> **암기 도우미**
> 사회보장의 정의에 규정되어 있는 8가지 사회적 위험
> **노·병·장은 사·실 출산·양육**으로 **빈곤**했다.
> ➡ **노령, 질병, 장애, 사망, 실업, 출산, 양육, 빈곤**

2. "**사회보험**"이란 국민에게 발생하는 **사회적 위험**을 보험의 방식으로 대처함으로써 국민의 **건강과 소득**을 **보장**하는 제도를 말한다.
3. "**공공부조**"란 국가와 지방자치단체의 책임 하에 생활유지능력이 없거나 생활이 어려운 국민의 최저생활을 보장하고 자립을 지원하는 제도를 말한다.
4. "**사회서비스**"란 국가·지방자치단체 및 민간부문의 도움이 필요한 모든 국민에게 **복지, 보건의료, 교육, 고용, 주거, 문화, 환경** 등의 분야에서 인간다운 생활을 보장하고 **상담, 재활, 돌봄, 정보의 제공, 관련 시설의 이용, 역량개발, 사회참여 지원** 등을 통하여 국민의 삶의 질이 향상되도록 지원하는 제도를 말한다.
5. "**평생사회안전망**"이란 **생애주기**에 걸쳐 보편적으로 충족되어야 하는 **기본욕구**와 특정한 사회위험에 의하여 발생하는 **특수욕구**를 동시에 고려하여 소득·서비스를 보장하는 **맞춤형 사회보장제도**를 말한다.
6. "**사회보장 행정데이터**"란 국가, 지방자치단체, 공공기관 및 법인이 법령에 따라 생성 또는 취득하여 관리하고 있는 자료 또는 정보로서 사회보장 정책 수행에 필요한 자료 또는 정보를 말한다.

🔒 정답 ②

06 사회보장기본법상 사회보장수급권에 관한 내용으로 옳은 것을 모두 고른 것은? [제19회]

> ㄱ. 모든 국민은 사회보장 관계 법령에서 정하는 바에 따라 사회보장급여를 받을 권리인 사회보장수급권을 가진다.
> ㄴ. 사회보장수급권은 정당한 권한이 있는 기관에게 구두로 통지하여 포기할 수 있다.
> ㄷ. 사회보장수급권은 수급자 임의로 다른 사람에게 양도할 수 있다.
> ㄹ. 사회보장수급권의 포기는 취소할 수 없다.

① ㄱ
② ㄱ, ㄹ
③ ㄷ, ㄹ
④ ㄱ, ㄴ, ㄹ
⑤ ㄱ, ㄷ, ㄹ

해설 이 문제는 **사회보장기본법 '제2장 사회보장에 관한 국민의 권리'** 에서 규정하고 있는 내용들로 모두 중요한 내용들이다. 제2장에 규정된 조문들은 다음과 같다.

제9조(사회보장을 받을 권리) 모든 국민은 사회보장 관계 법령에서 정하는 바에 따라 사회보장급여를 받을 권리(이하 "사회보장수급권")를 가진다.

제10조(사회보장급여의 수준) ① 국가와 지방자치단체는 모든 국민이 **건강**하고 **문화**적인 생활을 유지할 수 있도록 사회보장급여의 수준 향상을 위하여 노력하여야 한다.
② 국가는 관계 법령에서 정하는 바에 따라 **최저보장수준**과 **최저임금**을 매년 공표하여야 한다.
③ 국가와 지방자치단체는 제2항에 따른 **최저보장수준**과 **최저임금** 등을 고려하여 사회보장급여의 수준을 결정하여야 한다.

제11조(사회보장급여의 신청) ① 사회보장급여를 받으려는 사람은 관계 법령에서 정하는 바에 따라 국가나 지방자치단체에 신청하여야 한다. 다만, 관계 법령에서 따로 정하는 경우에는 국가나 지방자치단체가 신청을 대신할 수 있다.
② 사회보장급여를 신청하는 사람이 다른 기관에 신청한 경우에는 그 기관은 지체 없이 이를 정당한 권한이 있는 기관에 이송하여야 한다. 이 경우 정당한 권한이 있는 기관에 이송된 날을 사회보장급여의 신청일로 본다.

제12조(사회보장수급권의 보호) 사회보장수급권은 관계 법령에서 정하는 바에 따라 **다른 사람에게 양도하거나 담보로 제공할 수 없으며, 이를 압류할 수 없다.**

제13조(사회보장수급권의 제한 등) ① 사회보장수급권은 제한되거나 정지될 수 없다. 다만, 관계 법령에서 따로 정하고 있는 경우에는 그러하지 아니하다.
② 제1항 단서에 따라 사회보장수급권이 제한되거나 정지되는 경우에는 제한 또는 정지하는 목적에 필요한 최소한의 범위에 그쳐야 한다.

제14조(사회보장수급권의 포기) ① **사회보장수급권은 정당한 권한이 있는 기관에 서면으로 통지하여 포기할 수 있다.**
② **사회보장수급권의 포기는 취소할 수 있다.**
③ 제1항에도 불구하고 사회보장수급권을 포기하는 것이 다른 사람에게 피해를 주거나 사회보장에 관한 관계 법령에 위반되는 경우에는 사회보장수급권을 포기할 수 없다.

제15조(불법행위에 대한 구상) 제3자의 불법행위로 피해를 입은 국민이 그로 인하여 사회보장수급권을 가지게 된 경우 사회보장제도를 운영하는 자는 그 불법행위의 책임이 있는 자에 대하여 관계 법령에서 정하는 바에 따라 구상권을 행사할 수 있다.

🔒 정답 ①

사회복지사업법령상 사회복지법인에 관한 설명으로 옳지 않은 것은? [제13회]

① 사회복지법인의 정관에는 사업의 종류가 포함되어야 한다.
② 사회복지법인을 설립하려는 자는 시·도지사에게 신고하여야 한다.
③ 사회복지법인은 대표이사를 포함한 이사 7명 이상과 감사 2명 이상을 두어야 한다.
④ 이사는 사회복지법인이 설치한 사회복지시설의 장을 제외한 그 시설의 직원을 겸할 수 없다.
⑤ 사회복지법인은 사회복지사업의 운영에 필요한 재산을 소유하여야 한다.

> **해설** 사회복지사업법상 사회복지법인 관련 주요 규정(※ 상기 문제 관련 조문 중심)
>
> **제16조(법인의 설립허가)** ① **사회복지법인(이하 이 장에서 "법인"이라 한다)을 설립하려는 자**는 대통령령으로 정하는 바에 따라 **시·도지사의 허가**를 받아야 한다.
> ② 제1항에 따라 허가를 받은 자는 법인의 주된 사무소의 소재지에서 설립등기를 하여야 한다.
>
> **제17조(정관)** ① 법인의 정관에는 다음 각 호의 사항이 포함되어야 한다.
> 1. 목적
> 2. 명칭
> 3. 주된 사무소의 소재지
> 4. 사업의 종류
> 5. 자산 및 회계에 관한 사항
> 6. 임원의 임면 등에 관한 사항
> 7. 회의에 관한 사항
> 8. 수익을 목적으로 하는 사업이 있는 경우 그에 관한 사항
> 9. 정관의 변경에 관한 사항
> 10. 존립시기와 해산 사유를 정한 경우에는 그 시기와 사유 및 남은 재산의 처리방법
> 11. 공고 및 공고방법에 관한 사항
> ② 법인이 정관을 변경하려는 경우에는 **시·도지사의 인가**를 받아야 한다.
>
> **제18조(임원)** ① 법인은 **대표이사를 포함한 이사 7명 이상과 감사 2명 이상을 두어야 한다.**
> ② 법인은 제1항에 따른 **이사 정수의 3분의 1 이상을 다음 각 호의 어느 하나에 해당하는 기관이 3배수로 추천한 사람 중에서 선임**하여야 한다.
> 1. 「사회보장급여의 이용·제공 및 수급권자 발굴에 관한 법률」에 따른 **시·도사회보장위원회**
> 2. 「사회보장급여의 이용·제공 및 수급권자 발굴에 관한 법률」에 따른 **지역사회보장협의체**
> ③ 이사회의 구성에 있어서 대통령령으로 정하는 특별한 관계에 있는 사람이 이사 현원의 5분의 1을 초과할 수 없다.
> ④ 이사의 임기는 3년으로 하고 감사의 임기는 2년으로 하며, 각각 연임할 수 있다.
> ⑤ 외국인인 이사는 이사 현원의 2분의 1 미만이어야 한다.
>
> **제21조(임원의 겸직 금지)** ① 이사는 법인이 설치한 사회복지시설의 장을 제외한 그 시설의 직원을 겸할 수 없다.
> ② 감사는 법인의 이사, 법인이 설치한 사회복지시설의 장 또는 그 직원을 겸할 수 없다.
>
> **제23조(재산 등)** ① 법인은 사회복지사업의 운영에 필요한 **재산을 소유하여야 한다.**
> ② 법인의 재산은 보건복지부령으로 정하는 바에 따라 **기본재산과 보통재산**으로 구분하며, **기본재산은 그 목록과 가액을 정관에 적어야 한다.**
> ③ 법인은 **기본재산**에 관하여 다음 각 호의 어느 하나에 해당하는 경우에는 **시·도지사의 허가**를 받아야 한다. 다만, 보건복지부령으로 정하는 사항에 대하여는 그러하지 아니하다.
> 1. 매도·증여·교환·임대·담보제공 또는 용도변경을 하려는 경우
> 2. 보건복지부령으로 정하는 금액 이상을 1년 이상 장기차입하려는 경우

정답 ②

08 사회복지사업법상 사회복지시설(이하 '시설'이라 한다)에 관한 설명으로 옳지 않은 것은?

[제22회]

① 사회복지관은 직업 및 취업 알선이 필요한 지역주민에게 사회복지서비스를 우선 제공하여야 한다.
② 지방자치단체는 시설의 책임보험 가입에 드는 비용의 전부를 보조할 수 없다.
③ 국가는 시설을 운영할 수 있다.
④ 시설 종사자의 근무환경 개선에 관한 사항은 운영위원회에서 심의한다.
⑤ 회계부정이 발견되었을 때 보건복지부장관은 시설의 폐쇄를 명할 수 있다.

해설 **국가나 지방자치단체**는 예산의 범위에서 **책임보험 또는 책임공제의 가입에 드는 비용의 전부 또는 일부를 보조할 수 있다.** 이 문제와 관련하여 **출제비중이 매우 높은 아래 조문들도** 필히 학습하기 바란다.

■ **사회복지사업법 제34조(사회복지시설의 설치)** ① 국가나 지방자치단체는 사회복지시설(이하 "시설"이라 한다)을 설치 · 운영할 수 있다.
② 국가 또는 지방자치단체 외의 자가 시설을 설치 · 운영하려는 경우에는 보건복지부령으로 정하는 바에 따라 **시장 · 군수 · 구청장에게 신고**하여야 한다.

■ **제34조의3(보험가입 의무)** ① **시설의 운영자**는 다음 각 호의 손해배상책임을 이행하기 위하여 **손해보험회사의 책임보험에 가입**하거나 「사회복지사 등의 처우 및 지위 향상을 위한 법률」에 따른 **한국사회복지공제회의 책임공제에 가입하여야** 한다.
 1. 화재로 인한 손해배상책임
 2. 화재 외의 안전사고로 인하여 생명 · 신체에 피해를 입은 보호대상자에 대한 손해배상책임
② **국가나 지방자치단체**는 예산의 범위에서 제1항에 따른 **책임보험 또는 책임공제의 가입에 드는 비용의 전부 또는 일부를 보조할 수 있다.**

■ **제34조의5(사회복지관의 설치 등) 제2항 : 사회복지관은 모든 지역주민을 대상으로 사회복지서비스를 실시하되, 다음 각 호의 지역주민에게 우선 제공하여야** 한다.
 1. 「국민기초생활 보장법」에 따른 수급자 및 차상위계층
 2. 장애인, 노인, 한부모가족 및 다문화가족
 3. 직업 및 취업 알선이 필요한 사람
 4. 보호와 교육이 필요한 유아 · 아동 및 청소년
 5. 그 밖에 사회복지관의 사회복지서비스를 우선 제공할 필요가 있다고 인정되는 사람

🔒 정답 ②

사회보험제도의 급여와 급여형태에 관한 설명으로 옳지 않은 것은? [제19회]

① 고용보험법상 구직급여는 현물급여이다.
② 산업재해보상보험법상 요양급여는 현물급여이다.
③ 노인장기요양보험법상 재가급여는 현물급여이다.
④ 국민연금법상 노령연금은 현금급여이다.
⑤ 국민건강보험법상 장애인 보조기기에 대한 보험급여는 현금급여이다.

해설 고용보험법상 구직급여는 **현금급여**이다. 이 문제는 제19회 사회복지정책론에서 출제된 문제인데(급여의 형태 구분), 사회복지법제론에서도 매우 중요한 5대 사회보험제도의 급여 종류를 복습할 수 있는 문제인 점을 고려하여 여기에 수록하였다.

■ 우리나라의 5대 사회보험제도 급여의 종류

국민연금	① 노령연금, ② 장애연금, ③ 유족연금, ④ 반환일시금, ⑤ 사망일시금
산재보험	① 요양급여, ② 휴업급여, ③ 간병급여, ④ 상병보상연금, ⑤ 장해급여, ⑥ 유족급여, ⑦ 직업재활급여, ⑧ 장례비
고용보험	① 고용안정 · 직업능력개발사업 ② 실업급여 　- 구직급여 / 연장급여 / 상병급여 　- 취업촉진수당 : 조기재취업수당, 광역구직활동비, 이주비, 직업능력개발수당 ③ 모성보호사업 : 출산전후휴가급여(출산전후휴가, 유산 · 사산휴가, 배우자 출산휴가, 난임치료휴가), 육아휴직급여, 육아기 근로시간 단축급여
국민건강보험	① 요양급여, ② 건강검진, ③ 요양비, ④ 장애인에 대한 특례, ⑤ 본인부담금상한, ⑥ 임신 · 출산 진료비
노인장기요양보험	① 재가급여 : 방문요양, 방문목욕, 방문간호, 주 · 야간보호, 단기보호, 기타재가급여 ② 시설급여 ③ 특별현금급여 : 가족요양비, 요양병원간병비, 특례요양비

정답 ①

10 국민기초생활 보장법의 내용으로 옳지 않은 것은? [제17회]

① 수급자에 대한 급여는 정당한 사유 없이 수급자에게 불리하게 변경할 수 없다.
② "수급자"란 이 법에 따른 급여를 받는 사람을 말한다.
③ 이 법에 따른 급여는 건강하고 문화적인 최저생활을 유지할 수 있는 것이어야 한다.
④ 수급자 및 차상위자는 상호 협력하여 자활기업을 설립·운영할 수 있다.
⑤ 교육급여는 보건복지부장관의 소관으로 한다.

해설 교육급여는 **교육부장관**의 소관으로 한다.

■ 국민기초생활보장법령 주요 내용

부양의무자	수급권자를 부양할 책임이 있는 사람으로서 수급권자의 **1촌**의 직계혈족 및 그 배우자. **다만,** 사망한 1촌의 직계혈족의 배우자는 제외
최저보장수준	**생활실태, 물가상승률** 등을 고려하여 급여의 종류별로 공표하는 금액이나 보장수준
최저생계비	건강하고 문화적인 생활을 유지하기 위하여 필요한 최소한의 비용으로서 보건복지부장관이 계측하는 금액
개별가구	급여를 받거나 자격요건에 부합하는지에 관한 조사를 받는 기본단위, 수급자 또는 수급권자로 구성된 가구
소득인정액	**개별가구의 소득평가액 + 재산의 소득환산액**
기준 중위소득	급여의 기준 등에 활용하기 위하여 중앙생활보장위원회의 심의·의결을 거쳐 고시하는 국민 가구소득의 중위값
차상위계층	**수급권자×** ⇨ 소득인정액이 기준 중위소득의 **50% 이하**인 사람
실태조사	보건복지부장관은 수급권자, 수급자 및 차상위계층 등의 규모·생활실태 파악, 최저생계비 계측 등을 위하여 **3년마다 실태조사**를 실시·공표하여야 한다.
결정통지	• 반드시 **시장·군수·구청장**(보장기관) 명의로 **서면** 통지 • 신청일로부터 **30일** 이내, 특별한 사유가 있는 경우 **60일** 이내
급여의 종류	**생계·주거·의료·교육·해산·장제·자활**(7종) / 긴급(8종)
급여원칙	**보충성**(보충급여)
생계급여	• **현금**급여(현금부조) 원칙, 수급자의 소득인정액에 따라 차등지급 • **근로능력 있는 수급자** : 자활사업 참가조건으로 지급(조건부수급자) ⇨ 불이행시 근로능력 있는 수급자 본인의 생계급여 중지 가 • **주거보호**(거택보호) 원칙, 급여**신청**일 = 급여개시일
이의신청	• 1차 : 통지일로부터 **90일** 이내 보장기관 거쳐 시·도지사에게 서면 또는 구두로 신청 가 • 2차 : 통지일로부터 **90일** 이내 시·도지사 거쳐 보건복지부장관에게 서면 또는 구두로 신청 가

정답 ⑤

11 사회복지사업법상 사회복지의 날은? [제16회]

① 4월 20일
② 6월 5일
③ 7월 11일
④ 9월 7일
⑤ 10월 2일

해설 사회복지 관련 주요 기념일과 근거법

기념일 명칭	월	일	근거법
편의증진의 날	4월	10일	장애인·노인·임산부 등의 편의증진 보장에 관한 법률
장애인의 날		20일	장애인복지법
한부모가족의 날	5월	10일	한부모가족지원법
입양의 날		11일	입양특례법
가정의 날		15일	건강가정기본법
노인학대예방의 날	6월	15일	노인복지법
인구의 날	7월	11일	저출산·고령사회기본법
사회복지의 날	9월	7일	사회복지사업법
자살예방의 날		10일	자살예방 및 생명존중문화 조성을 위한 법률
치매극복의 날		21일	치매관리법
노인의 날	10월	2일	노인복지법
정신건강의 날		10일	정신건강증진 및 정신질환자 복지서비스 지원에 관한 법률
아동학대예방의 날	11월	19일	아동복지법
자원봉사자의 날	12월	5일	자원봉사활동기본법

정답 ④

12 노인복지법령상 노인복지시설의 종류에 해당하는 것을 모두 고른 것은? [제12회]

ㄱ. 노인여가복지시설	ㄴ. 재가노인복지시설
ㄷ. 노인주거복지시설	ㄹ. 노인보호전문기관

① ㄱ, ㄴ, ㄷ   ② ㄱ, ㄷ
③ ㄴ, ㄹ   ④ ㄹ
⑤ ㄱ, ㄴ, ㄷ, ㄹ

해설 사회복지시설의 종류는 사회복지사 1급 국가시험에서 자주 출제되고 있는 내용이며, 그중에서도 **가장 자주 출제되는 것이 노인복지시설**이다.

■ 노인복지시설의 종류(세부종류 포함) **여 · 보 · 의 · 일 · 재 · 주 · 학(피)**

시설의 종류		근거법
노인**주거**복지시설 (양 · 공 · 주)	① **양**로시설 ② 노인**공**동생활가정 ③ 노인복지**주**택	노인복지법령
노인**의료**복지시설 (노인요양)	① **노인요양**시설 ② **노인요양**공동생활가정	
노인**여가**복지시설 (경 · 복 · 교)	① 노인**복**지관 ② **경**로당 ③ 노인**교**실	
재가노인복지시설	① 방문요양서비스 제공시설 ② 주 · 야간보호서비스 제공시설 ③ 단기보호서비스 제공시설 ④ 방문목욕서비스 제공시설 ⑤ 재가노인지원서비스 제공시설 ⑥ 방문간호서비스 제공시설 ⑦ 복지용구지원서비스 제공시설	
노인**보**호전문기관		
노인**일**자리지원기관		
학대**피**해노인 전용쉼터		

정답 ⑤

어대훈 선생님 감사합니다.^^

구분	2025년 제23회 사회복지사 1급(필기) – 사회복지사 1급		점수
	시험과목		
1교시	사회복지기초	인간행동과 사회환경	23
		사회복지조사론	18
2교시	사회복지실천	사회복지실천론	21
		사회복지실천기술론	13
		지역사회복지론	18
3교시	사회복지정책과 제도	사회복지정책론	19
		사회복지행정론	18
		사회복지법제론	15
총점(200점 만점)			145
평균			72.5
시험결과			합격

추석날 친척들이 하는 이야기를 듣고 '나도 해볼까' 하는 생각에 명절 끝나고 인터넷으로 기웃기웃 둘러보다가, 저력이 에○○ 강의를 신청했는데, 설명을 안 해주고 지문만 읽어주는 강의 형식에... 3일 만에 환불했습니다.

그리고 **어대훈 선생님 강의를 9월 30일 신청, 10월 2일에 교재받고 동영상을 보기 시작**하여 육아, 직장 등등 평일 하루 2시간 이하, 주말은 밥 차려주고 최대 6시간 정도 영상 보고, 퇴근길, 출근길에 영상 보고, 하라는 것만 따라다, **공부시간은 짧고 전공은 사회복지와 전혀 다른 전형적인 이과 출신**으로 말귀를 잘 못 알아 들었습니다.

그런데 막판에 '닥치고 암기 특강'을 듣고 나니 전체적인 틀이 머리에 들어왔습니다. **어쌤의 최종모의고사 성적 105점에서 실제 시험성적 145점으로 합격했습니다.**

혹시 공부에 고민하시는 분이 계시면 적극 추천합니다.
늦은 공부를 시작하시는 분,
말귀를 잘 못 알아 들으시는 분,
이해력이 떨어지시는 분,
공부시간이 턱없이 부족하신 분,
노베이스 등등

무조건 어대훈 선생님 강의 들으세요♥♥♥♥♥~~ 적극 추천합니다.
2025년을 기분 좋고 힘차게 보낼 수 있도록 해주신 선생님 감사합니다.^^

제23회 국가시험 합격수기 중 발췌

저자 어대훈

서울시립대학교 사회복지학석사
사회복지사 1급 국가시험 최초·최장·최고합격률 전문강사(2002년부터 강의)

현)
- 박문각 남부고시학원 사회복지사 1급, 사회복지직·보호직 공무원 사회복지학 전임
- 박문각 공무원 전국모의고사 출제위원
- 박문각 남부고시학원·남부경찰학원 면접시험 지도교수
  (ASSESTA 코칭일반/사회성·인성코칭/CPI인성검사/면접전문가/면접코칭 과정 수료)
- MBTI(Myers-Briggs Type Indicator) 강사
- 사회복지공동모금회(사랑의열매) 아너 소사이어티 정회원

전)
- EBS 교육방송 사회복지사 1급 국가시험 전임
- 한국산업인력공단(1급 국가시험 출제기관) 산하 한국직업방송 '사회복지사 1급 핵심요약특강' 최초 진행
- 서울시 기능직공무원 사회복지직 전환시험 출제위원
- 서울시 ○○구 사회복지직 공무원 승진시험 출제위원
- 한국고시신문 전국모의고사 출제위원
- 한국성서대·삼육대·신흥대(現 신한대)·한국디지털대(現 고려사이버대) 사회복지학과 출강
- 한국공무원학원(대구)·한겨레고시학원(부산) 사회복지학 전임
- 서울시립대 도시과학대학원·서울사이버대·호서대·영남신학대 등 1급 국가시험 특강 다수
- 보건복지인력개발원 사회복무요원 직무교육 외래강사
- 서울 사회복지공동모금회 모금분과실행위원
- 마들사회복지관, 청운보육원 운영위원
- 경기북부 노인보호전문기관 실장
- 서울특별시 사회복지직 공무원

[저서 및 논문]
- HUMAN 사회복지사 1급 「이론서(3권)」, 미래가치
- HUMAN 사회복지사 1급 「다빈출코드」, 미래가치
- HUMAN 사회복지사 1급 「해설짱! 단원별 핵심기출문제」, 미래가치
- HUMAN 사회복지사 1급 「핵심요약노트」, 미래가치
- 어대훈의 「HUMAN 사회복지학개론(2권)」, 미래가치
- 어대훈의 HUMAN 사회복지학개론 「핵심요약노트」, 미래가치
- 어대훈의 HUMAN 사회복지학개론 「해설짱! 공무원 기출문제집」, 미래가치
- 어대훈의 HUMAN 사회복지학개론 단원별 문제집 「대단문 대단해」, 미래가치
- EBS 사회복지사 1급 국가시험 기본서, 박문각
- EBS 사회복지사 1급 「핵심기출문제 & 실전모의고사」, 박문각
- EBS 사회복지사 1급 「핵심요약노트」, 박문각 외 공무원·1급 국가시험 수험서 다수
- '사회복지사의 전문성에 영향을 미치는 요인에 관한 연구', 서울시립대학교 석사논문
- '사회복지생활시설 수급자 사후 유류금품처리 개선방안(공동)', 서울특별시지방공무원교육원 제13회 문제해결 사례연구발표회 우수논문
- '신고현황 및 상담사례를 통해 본 노인학대문제의 실태 및 예방을 위한 제언', 국가인권위원회 제14차 사회권 포럼 발제문

 함께 나누기

20년 이상 자원봉사활동 및 지속적 기부활동(사랑의 열매 아너 소사이어티 서울시 73번째 가입)
카페 '복지와사람' http://cafe.daum.net/firstwelfare 운영(2003~현재)

이 책으로 공부하다가 궁금한 부분이 있으시면, 복지와사람 카페의 '상호질문&답변' 게시판에 질의해 주시기 바랍니다. 복지와사람은 사회복지직·보호직 공무원 및 사회복지사 1급 국가시험을 준비하는 분들에게 동기부여와 상호 도움을 제공하고, 복지&사람을 사랑하는 사람과 사람 간의, 작은 여유가 살아 숨쉬는, 나눔의 공간으로서 '실명제' 카페입니다.

어대훈의 HUMAN 사회복지사 1급
다빈출코드 100

인　쇄 : 2025년 4월 3일	
발　행 : 2025년 4월 9일	
편저자 : 어대훈	
발행인 : 강명임·박종윤	
발행처 : (주) 도서출판 미래가치	
등　록 : 제2011-000049호	
주　소 : 서울시 영등포구 선유로 130 에이스하이테크시티 3 511호	
전　화 : 02-6956-1510	
팩　스 : 02-6956-2265	

ⓒ 어대훈, 2025 / ISBN 979-11-6773-567-6　13330
- 낙장이나 파본은 교환해 드립니다.
- 이 책의 무단 전재 또는 복제 행위는 저작권법 제136조에 의거하여 처벌을 받게 됩니다.

정가 10,000원